Nick Melekian

Electronic Commerce und R/3

Nick Melekian

Electronic Commerce und R/3

Diplom.de

Bibliografische Information der Deutschen Nationalbibliothek:

Bibliografische Information der Deutschen Nationalbibliothek: Die Deutsche
Bibliothek verzeichnet diese Publikation in der Deutschen Nationalbibliografie;
detaillierte bibliografische Daten sind im Internet über http://dnb.d-nb.de/ abrufbar.

Copyright © 1998 Diplomica Verlag GmbH
Druck und Bindung: Books on Demand GmbH, Norderstedt Germany
ISBN: 978-3-8386-4922-1

Nick Melekian

Electronic Commerce und R/3

Diplomarbeit
an der Ruprecht-Karls-Universität Heidelberg
Fachbereich Wirtschaftswissenschaften
Februar 1998 Abgabe

Diplom.de

Diplomica GmbH ————
Hermannstal 119k ————
22119 Hamburg ————

Fon: 040 / 655 99 20 ————
Fax: 040 / 655 99 222 ————

agentur@diplom.de ————
www.diplom.de ————

ID 4922
Melekian, Nick: Electronic Commerce und R/3 / Nick Melekian - Hamburg: Diplomica GmbH, 2002
Zugl.: Heidelberg, Universität, Diplom, 1998

Diplomica GmbH
http://www.diplom.de, Hamburg 2002
Printed in Germany

Diplom.de

Wissensquellen gewinnbringend nutzen

Qualität, Praxisrelevanz und Aktualität zeichnen unsere Studien aus. Wir bieten Ihnen im Auftrag unserer Autorinnen und Autoren Wirtschafts-studien und wissenschaftliche Abschlussarbeiten – Dissertationen, Diplomarbeiten, Magisterarbeiten, Staatsexamensarbeiten und Studien-arbeiten zum Kauf. Sie wurden an deutschen Universitäten, Fachhoch-schulen, Akademien oder vergleichbaren Institutionen der Europäischen Union geschrieben. Der Notendurchschnitt liegt bei 1,5.

Wettbewerbsvorteile verschaffen – Vergleichen Sie den Preis unserer Studien mit den Honoraren externer Berater. Um dieses Wissen selbst zusammenzutragen, müssten Sie viel Zeit und Geld aufbringen.

http://www.diplom.de bietet Ihnen unser vollständiges Lieferprogramm mit mehreren tausend Studien im Internet. Neben dem Online-Katalog und der Online-Suchmaschine für Ihre Recherche steht Ihnen auch eine Online-Bestellfunktion zur Verfügung. Inhaltliche Zusammenfassungen und Inhaltsverzeichnisse zu jeder Studie sind im Internet einsehbar.

Individueller Service – Gerne senden wir Ihnen auch unseren Papier-katalog zu. Bitte fordern Sie Ihr individuelles Exemplar bei uns an. Für Fragen, Anregungen und individuelle Anfragen stehen wir Ihnen gerne zur Verfügung. Wir freuen uns auf eine gute Zusammenarbeit.

Ihr Team der Diplomarbeiten Agentur

Diplomica GmbH
Hermannstal 119k
22119 Hamburg

Fon: 040 / 655 99 20
Fax: 040 / 655 99 222

agentur@diplom.de
www.diplom.de

Inhaltsverzeichnis

Einleitung

Electronic Commerce ist in aller Munde und kein Tag vergeht, an dem darüber nicht neue Nachrichten und Prognosen zu finden sind. Unternehmen ergreifen und erweitern zunehmend die Möglichkeiten der neuen Internet-Technologie, wofür die Offensive von SAP in das Internet mit seiner erweiterten R/3-Funktionalität als Paradebeispiel genannt werden kann. Wie aktuell die Betrachtung des R/3-Systemes in Verbindung mit Electronic Commerce ist, wird durch eine Studie von Business-Online veranschaulicht: Obwohl nur 13% aller deutschen Unternehmen die Internet-Dienste in die Geschäftsprozesse voll integriert haben, glauben rund 40%, daß das Internet die Geschäftsprozesse gut oder sehr gut unterstützt[1].

Das Ziel der vorliegenden Arbeit ist es, Electronic Commerce zu beschreiben, sowie dessen Möglichkeiten und Probleme darzustellen. Außerdem wird die neue R/3-Web-Technologie dargelegt, mit der die Anbindung von R/3 an das Internet und die Verzahnung der innerbetrieblichen Geschäftsprozesse durchgehend mit Kunden und Geschäftspartnern über das Internet möglich wird. Dazu wird in Kapitel I zu allererst eine kurze Einführung in das Internet und die wichtigsten Internet-Dienste gegeben. Dem folgt in Kapitel II die Beschreibung und Motivationen, sowie eine anschließende Bewertung des gesamten Electronic Commerces. Im gleichen Kapitel werden noch die dazugehörigen Gebiete Online-Marketing und Sicherheitsaspekte erläutert. Nach einer Einleitung in das R/3-System und einer Beschreibung der Vorteile der Transaktionsintegration von Standardsoftwarepaketen - wie etwa R/3- in das Internet wird in Kapitel III auf alternative Anbindungsmöglichkeiten eingegangen, worin neben der Funktionsweise des neuen Internet Transaction Servers auch EDI erörtert wird. Abgeschlossen wird dieses Kapitel mit einer Ausführung der Internet Application Components und einem denkbaren Anwendungsszenario, indem die Module Materialwirtschaft (MM) und Absatz (SD) bei einer Electronic Commerce-Anwendung maßgeblich beteiligt sind.

In der sich ständig weiterentwickelnden Internet-Welt mit andauernd verbesserter Technologie, neuen Standards und Prognosen ist es nicht leicht, einen Status Quo zu beschreiben. Dennoch soll in dieser Arbeit eine Bestandsaufnahme gemacht werden, welche zum Thema relevante Fakten mit den dazugehörigen Hintergründen schildert.

---

[1] http://www3.business-online.de/bda/int/bo/umfrage/umfrage.html

Kapitel I   Das Internet

1.1 Aufbau und Entstehung

Das Internet ist die Gesamtheit der miteinander vernetzten Computernetzwerke, die das Protokoll *Transmission Control Protocol/Internet Protocol (TCP/IP)* nutzen[2]. Der Name Internet ist aus dem Englischen von *interconnected networks (internets)* abgeleitet. Alle Netzwerke sind über Netzwerkknoten (Router) verbunden, die Daten über zahlreiche Teilnetze weiterreichen, bis sie schließlich den Endanwender erreichen. Das wesentlichste Merkmal des Internets ist seine Dezentralität. Das Internet gehört keinem einzelnen Besitzer, sondern ist eine Ansammlung von Teilnetzen, die jeweils einer Organisation oder Firma gehört und welche auch für deren Wartung zuständig sind[3]. Der Vorteil, der sich daraus ergibt, ist, daß die Ausfallsicherheit des gesamten Netzes nicht vom Ausfall weniger Teilnetze abhängt. Durch das TCP/IP-Protokoll werden Informationen in kleine Datenpakete aufgeteilt, die dann je nachdem, welcher Weg zeitmäßig am schnellsten ist, von den Routern durch das Gesamtnetz geleitet werden. Wenn eine Verbindung ausfällt oder zu stark belastet ist, werden die Pakete einfach über die noch vorhandenen Verbindungen umgeleitet[4]. Gerade zu der Zeit des „Kalten Krieges" war man sehr darauf bedacht, eine sichere Netzwerklösung zu finden, die selbst im Falle eines Krieges noch sichere Übertragungsmöglichkeiten bietet.

Genau dies war der Grundgedanke, als 1957 das US-Verteidigungsministerium die *Advanced Research Projects Agency (ARPA)* mit dem Ziel gründete, die Führung in der militärischen Anwendung von Wissenschaft und Technologie zu erreichen und dadurch auch eine 1962 von Paul Baran entworfene Idee zu realisieren, bei der es um ein Netzwerk ging, das die Arbeitsweise des später erschaffenen Internets als Grundgedanke enthielt[5]. 1968 wurde das Konzept eines paketvermittelten Netzwerkes der ARPA präsentiert, welches die US-Regierung fortan unterstützte und ab 1971 verwendete das aus der ARPA hervorgegangene

---

[2] Zakon, Robert (1997): Hobbes´ Internet Timeline v3.1, auf dem Server der Internet Society: http://info.isoc.org/guest/zakon/Internet/History/HIT.html#Growth, Kapitel „1980s"
[3] Roll, Oliver (1996): Marketing im Internet, München, S. 17
[4] Mattes, Frank (1997): Management by Internet, Frankfurt, S. 27
[5] Rohner, Kurt (1997): Der Internet-Guide für Manager, Landsberg/Lech, S. 23

ARPAnet das Network Control Protocol (NCP), welches der Vorläufer des 1974 vorgestellten TCP/IP war[6]. Das TCP/IP-Protokoll wurde standardmäßig in das Betriebssystem UNIX integriert, welches als Alternative für die damals dominierenden IBM-Großrechner eingesetzt wurde und aufgrund seiner Herstellerunabhängigkeit auf verschiedenen Hardwarearchitekturen eingesetzt werden kann[7]. 1983 wurde das ARPAnet in ein wissenschaftliches und ein militärisches (Milnet) Netz geteilt, wobei schon zu diesem Zeitpunkt einige wenige Firmennetze mit dem akademischen Forschungsnetz verbunden wurden, die unter der Beteiligung von der National Science Foundation (NSF) entstanden[8]. Die NSF verbindete 1986 mit einem Hochgeschwindigkeitsstrang (Backbone) fünf Supercomputerzentren von Universitäten, die die flotte Verbreitung des Internets an anderen Universitäten in den USA vorantrieb. Im Jahre 1990 bekam das ARPAnet mit NSFNET einen neuen Namen und 1991 eröffnete die NSF erstmals beschränkt die Möglichkeiten einer kommerzialisierten Nutzung des bald darauf schlicht *Internet* genannten Netzes. Als im Jahre 1994 der fünfundzwanzigste Geburtstag des auf TCP/IP laufenden Netzes gefeiert wurde, kamen erste virtuelle Verkaufshäuser auf. Das 1991 vom Europäischen Kernforschungszentrum CERN entwickelte World Wide Web (WWW), welches durch den ersten grafisch-basierten Browser *Mosaic* eine einfache und multimediale Navigation durch das Netz ermöglichte, war hierzu die Grundlage[9]. Das auch vielerorts als „Superhighway" bezeichnete Internet, verbreitete sich erst in den letzten Jahren drastisch, als das Netz mehr und mehr kommerzialisiert und auch der breiten Öffentlichkeit zur Verfügung gestellt wurde. Durch Aufkommen des WWWs konnten von da an verschiedenartigste Netzdienste selbst von Laien bedient werden.

1.2 Dienste des Internets

In diesem Unterkapitel werde ich mich auf die drei Grunddienste des Internets FTP, Telnet und E-Mail, sowie auf das WWW und Newsgroups beschränken, da diese derzeit den Großteil der Internet-Dienste ausmachen. Nur erwähnen möchte ich an dieser Stelle die Existenz der Informationssuchsysteme WAIS (Wide Area Information Service) und Gopher, die Chatmöglichkeit mit Internet Relay Chat (IRC), oder etwa das Aufkommen von Ton- und Bildübertragung in Echtzeit für Internet-Telephony, weltweite Videokonferenzen oder on-

---

[6] Rohner (1997), S. 24f
[7] Mattes (1997), S. 27
[8] Zakon (1996), Kapitel „1980s"
[9] Rohner (1997), S. 26ff

demand abrufbare Audio-/Videoclips bzw. Radio-/Fernsehsendungen. Letztere Technologien etablieren sich erst jetzt langsam mit zunehmender Verbesserung der Hardware und mit neuer Software bzw. der darin enthaltenen neuen Protokolle.

1.2.1 E-Mail

E-Mail wurde erstmals 1970 implementiert[10], gehört damit zu den Grundfunktionen des Internets und ist die Abkürzung für *Electronic Mail ("Elektronische Post")*. Mit dem Dienst E-Mail können auf elektronischem Wege weltweit Nachrichten bzw. Briefe ausgetauscht werden ohne daß Sender und Empfänger gleichzeitig online sein müssen. Um eingegangene Briefe lesen zu können, muß der elektronische Briefkasten (Mailbox) mit einem entsprechenden Client-Programm abgefragt werden. Die einzelnen Netze im Internet sind durch Verbindungspunkte, den Gateways und Routers, miteinander verknüpft. Es kann zwischen den verschiedenen Netzen wie dem Internet, den Online Diensten wie T-Online oder CompuServe, sowie alternativen Netzen wie etwa dem Fidonet[11] Daten ausgetauscht werden.

Die Hauptvorteile des E-Mail liegen auf der Hand: Es ist eine viel schnellere Übertragung der Briefe möglich, als bisher mit gewöhnlicher Post. Zudem fallen nur geringe oder gar keine Kosten für den Benutzer an, weil E-Mail Services meist im Preis der Netzprovider inbegriffen sind, die Telefonkosten bei Modemanwahl nur auf die Zeit des Datentransfers zwischen Mail-Server und dem Computer des Clients beschränkt ist, sowie der E-Mail-Dienst für viele Anwender direkt vom Arbeitsplatz oder der Universität aus möglich ist[12]. Es lassen sich neben den rein textbasierten Nachrichten auch Dateien oder mit der Multipurpose Internet Mail Extension (MIME) multimediale Inhalte übertragen. Mit den Unix-Systemen werden Binärdateien mittels Unix-to-Unix CODE (UUCODE) versandt, welche alle Dateien in das 7-Bit-Format als ASCII-Text umwandeln, so daß sie von sämtlichen Mail-Gateways verstanden werden[13]. Das Format einer E-Mail-Adresse ist mit Username@Domainname festgelegt.

E-Mail ist leicht zu benutzen und steht sogar Leuten zur Verfügung, die nur die Möglichkeit haben, das WWW über öffentliche Computer zu benutzen, selbst aber über keine eigene E-

---

[10] Rohner (1997), S. 24
[11] Das Fidonet etablierte sich in den achtziger Jahren als ein günstiges weltweites Netz für private Nutzer, um zwischen Personal- und Homecomputern weltweit Daten auszutauschen.
[12] Roll (1996), S. 24

Mail-Adresse verfügen. Gewerbliche Anbieter wie zum Beispiel Hotmail[14] stellen mit in Java geschriebenen Programmen Anwendern eine eigene E-Mail-Mailbox zur Verfügung. Einen eigenen Nutzen haben diese Anbieter, indem sie über E-Mail Werbung von Drittanbietern an die E-Mail-Benutzer verschicken.

Problematisch ist die Abhörsicherheit, für die eigens Verschlüsselungsprogramme benötigt werden. Ein anderes Problem ist die Fälschungssicherheit, da sich beispielsweise zum derzeitigen Zeitpunkt nicht nachprüfen läßt, wer der wirkliche Versender einer E-Mail ist. Überwiegend für Unternehmen sind die Antwortzeiten der E-Mails eine neue Herausforderung. Gerade weil die E-Mail eine schnelle Kommunikation möglich macht, sind auch die Erwartungen einer schnellen Bearbeitung höher. Oftmals werden E-Mails nur sekundär wichtig angesehen und nicht einmal bearbeitet. Das kann einen schlechten Ruf zur Folge haben. Eine klare Vorgabe der Antwortzeiten ist von dem Management unumgänglich[15].

1.2.2 FTP

Das *File Transfer Protocol (FTP)* ist dazu geschaffen, um von sogenannten FTP-Servern, auf denen Dateien jeder Art abgespeichert sind, diese auf den eigenen Client „herunterzuladen", wobei das Protokoll selbstverständlich auch den Transfer in entgegengesetzter Richtung unterstützt. Anfangs wurden FTP-Server auch noch stark als „Schwarzes Brett" dazu verwendet, Informationen mittels Textdateien zu verbreiten, wobei durch das Aufkommen des WWWs und der viel geeigneteren Informationsverbreitung via Newsgroups diese Funktion weitgehend unbedeutend geworden ist. Um FTP-Server vor unliebsamen Besuch zu schützen, ist ein authentifizieren notwendig. Dabei spielt das Anonymous FTP eine bedeutende Rolle, da auf Anonymous-FTP-Servern als Benutzername schlicht das Wort „anonymous" oder „ftp" und als Paßwort die E-Mail-Adresse eingegeben werden muß, um Zugang zu den daraufliegenden Dateien zu erhalten. Einmal authentifiziert, kann jeder zwischen den verschiedenen Verzeichnissen vor- und zurücknavigieren und schließlich die gewollten Dateien auf den eigenen Computer kopieren. Um die Server und das Datennetz zu entlasten, sind die Dateien meist in komprimierter Form abgelegt, für dessen Dekomprimierung die entsprechenden Archivierungs- bzw. Dekomprimierungsprogramme des benutzten

[13] Rohner (1997), S. 33
[14] http://www.hotmail.com
[15] Emery, Vince (1996): Internet im Unternehmen, Heidelberg, S. 200ff

Betriebsystemes erforderlich sind. Typischerweise beginnen Anonymous-FTP-Server mit „ftp" im Domainnamen, so daß eine FTP-Verbindung etwa mit „ftp ftp.uni-heidelberg.de" gestartet werden könnte, um sich mit den FTP-Server der Universität Heidelberg verbinden zu lassen, wenn auf dem Rechner des Internet-Clients die FTP-Software installiert wäre.

Eigens für die Suche nach Daten auf Anonymous-FTP-Servern wurde der Suchdienst *Archie* entwickelt, der die gängigsten FTP-Server in regelmäßigen Abständen nach deren Dateien abfragt und daraus einen Suchindex erstellt. Die Verbindung zum Archie erfolgt mit einer Telnet-Sitzung, wobei der Authentifizierungscode beim anbietenden Server für jedermann „archie" ist. Neben einer reinen Telnet-Sitzung sind auch Hilfsprogramme für Archie verfügbar, die auf Client-Seite laufen gelassen werden können oder als Java-Programme im Web-Browser (→1.2.5 DAS WORLD WIDE WEB) laufen gelassen werden können.

1.2.3 Telnet

Der Telnet-Dienst ermöglicht es, mit einem entfernten aber mit dem Internet verbundenen Rechner eine Verbindung aufzubauen und an diesem so zu arbeiten, als säße man direkt davor. Gerade bei mehreren Benutzeraccounts an unterschiedlichen Rechnern ist es oft nicht machbar, ständig den geographischen Ort zu wechseln, nur um an den jeweiligen Rechnern zu arbeiten und etwa Programme ausführen lassen zu können. Es ist mit dem Telnet-Dienst möglich, von jedem Punkt der Erde aus, an dem ein Computer mit Internetanschluß und Telnet-Software vorliegt, an den heimischen Rechnern zu arbeiten und gleichzeitig viele verschiedene Telnet-Verbindungen aufrechtzuerhalten. Für die Kommunikation mit IBM-Großrechnern wird allerdings mit *tn3270* ein eigenes Protokoll benötigt. Um beispielsweise auf das Online-Bibliothekssystem der Universität Heidelberg zuzugreifen, ist die dafür erforderliche Eingabe „tn3270 heidi.ub.uni-heidelberg.de", also erst die Protokollart und dann der Domainname des ansprechenden Rechners festzulegen.

1.2.4 Newsgroups

Newsgroups sind *Diskussionsgruppen*, an denen sich Nutzer aus aller Welt beteiligen, wobei die Ansammlung dieser in die Tausende gehenden Newsgroups das Usenet (User Network) bilden[16]. Diskussionsgruppen sind in verschiedenen Sprachen zu finden, wobei leider eine Menge davon nicht mehr zum Diskutieren dient, sondern oft nur noch mehr für das kommerzielle Werben von Produkten benutzt wird. Weil die Newsgroups unkontrollierbare Inhalte beinhalten und darüber hinaus nicht selten kurzlebig sind, wurden Usenet-Regeln auferlegt, die erfüllt werden müssen, um in die Haupthierarchie aufgenommen zu werden und welche gleichzeitig von den Systemadministratoren eher akzeptiert werden als die später hinzugekommenen Alternativen Newsgroups, für die es kein spezielles Zulassungsverfahren gibt[17]. Um an den Diskussionsgruppen teilzunehmen wird ein Programm benötigt, das die Verbindung zu den News-Servern herstellt und welches die Auswahl und Anzeige der Newsgroups vornimmt. Eigene Kommentare kann man in einer oder mehreren Newsgroups ablegen, indem man per E-Mail an die entsprechenden News-Server eine Nachricht sendet, wobei meist E-Mail direkt aus dem News-Programm heraus unterstützt wird und für das Senden eines Kommentars, einer Frage oder einer Antwort nur ein Mausklick oder eine Tastenkombination notwendig ist. Als Formbeispiel einer News-Adresse sei „alt.comp.sap-r3.de" genannt, welche eine Adresse der alternativen Newsgroup zum Thema Computer und SAP R/3 ist, die hauptsächlich Deutsch als Sprache zur gegenseitigen Kommunikation verwendet. In dieser, wie auch in vielen anderen Diskussionsgruppen, wird die Möglichkeit der Arbeitsstellensuche und des -angebotes stark genutzt.

Da *Mailing Listen* oft mit Newsgroups verwechselt werden, gehe ich hier in Kürze auch auf diese ein. Mailing Listen sind ebenso wie Newsgroups dazu da, bestimmte Themenbereiche mit Gleichgesinnten zu diskutieren. Anders aber als in der Newsgroup, bei der man mit einem speziellen Programm die Beiträge der jeweiligen Newsgroups abrufen kann, werden bei Mailing Listen alle Diskussionsbeiträge automatisch per E-Mail an alle Diskussionsteilnehmer geschickt. Nichtlistenteilnehmer können dabei aber nichts über die Diskussionen erfahren und deren E-Mails an den Listen-Server werden oft auch nicht an die Listenmitglieder weitergeleitet. Darum bleiben die Teilnehmer stets geschlossen unter sich, wodurch zwar die Diskussionen nicht so viele Leute erreichen wie bei Newsgroups, aber ein höheres Niveau erreichen, da Listenmitglieder, die die Regeln der Mailing-Listen nicht einhalten, von der Liste entfernt werden können. Die Teilnehmer sind durch diese Methode für die Archivierung vergangener Beiträge selbst verantwortlich, weil diese, im Gegensatz zu Newsgroups, von den Listen-Servern oder Moderatoren meist nicht gespeichert und nur einmal verschickt werden. Bei Mailing-Listen muß man sich bei den zuständigen Listenbetreibern anmelden oder bewerben, um teilnehmen zu können, so daß ein eventuelles

---

[16] Mattes (1997), S. 28

Auswahlverfahren stattfinden kann. Anstatt Mailing-Listen für Diskussionen zu verwenden, werden diese auch oft von Unternehmen bzw. Organisationen für Marketingzwecke genutzt. Hierbei können Kunden, Mitgliedern bzw. Interessierten aktuelle Produkt- oder Unternehmensinformationen per E-Mail zugeschickt werden, was sie loyal und interessiert machen soll. Das Finden von Mailing-Listen wird durch einige -speziell auf diesen Bereich ausgerichtete- Suchmaschinen wie etwa Liszt[18] erleichtert.

1.2.5 Das World Wide Web

Die ursprüngliche Idee des World Wide Webs (WWW, W3 oder Web) geht auf Vannevar Bush zurück, der im Jahre 1945 in der Zeitschrift „Atlantic Monthly" seine Idee namens *Memex (Memory Extender)* beschreibt, Informationen in einer hypertext-ähnlichen Weise verzweigt abzuspeichern[19]. Das schließlich 1991 an dem Europäischen Kernforschungszentrum CERN entwickelte World Wide Web vereinfachte und beschleunigte den Informationsaustausch durch grafische und überschaubare Elemente. Das WWW besteht aus einer Vielzahl von Dokumenten, die in der *Hypertext Markup Language (HTML)* beschrieben sind, mit dem *Hypertext Transfer Protocol (HTTP)* übertragen und mit dem *Uniform Ressource Locator (URL)* spezifiziert werden. Die URL, eine Adresse wie etwa http://www.rzuser.uni-heidelberg.de/~nmelekia wird von den *Domain Name Servers (DNS)* in eine zugeordnete, eindeutige *IP-Nummer* übersetzt. Das WWW ist ein Mehrwertdienst, der andere Basisdienste wie beispielsweise FTP integrieren kann und neben der Hyperlinkstruktur die Multimedialität zur Übertragung von Grafiken, Bilder, Audio- und Videodaten unterstützt. Maßgebend ist dabei der vom Client benötigte Web-Browser wie er etwa von den Firmen Netscape, Microsoft oder NCSA angeboten wird. Zwar ist HTML, und das von Sun entwickelte JavaScript und Java standardisiert, jedoch halten sich manche Web-Browser-Hersteller nicht immer an Konventionen, was zu entweder fehlerhaften oder unterschiedlichen Anzeigearten der Web-Dokumente führen kann. Die durch den Browser unterstützte Multimedialität kann noch weiter durch zahlreiche sogenannte *Plug-ins*[20] ergänzt werden, um bei Abruf von Dokumenten mit einer spezifischen Dateierweiterung ein Plug-in starten zu lassen. Dadurch ist das Aufrufen von nicht ausschließlich HTML-Dateien möglich, aber meist sind es diese, welche als erstes aufgerufen werden und alles weitere veranlassen. Als Beispiel

[17] Rohner (1997), S. 37
[18] http://www.liszt.com
[19] Rohner (1997), S. 23
[20] übersetzt: „[in den Browser] hineinzusteckendes"

sei die Datei sap.pdf vom Benutzer aus dem Browser aufgerufen worden. Nun veranlaßt der Browser das Starten des dem Kürzel „pdf" zugeordneten Programmes „Acrobat-Reader", um das Acrobat-Dokument „sap" -je nachdem- entweder innerhalb des Browsers oder außerhalb das Acrobat-Dokument betrachten zu können, welches wiederum neue Möglichkeiten zur Informationsbetrachtung bietet. Um nicht ein Plug-in, sondern einen Internet-Dienst aufzurufen, ist in dem Adreßfeld des Web-Browsers die Bezeichnung *telnet://, ftp://, news://, gopher:// oder http://* je nach Art des Dienstes der eigentlichen Adresse vorzustellen.

Gerade die Web-Technologie war es, welche SAP geeignet erschien, um sie mit R/3 zu kombinieren. Die Hard- und Softwareunabhängigkeit der Web-Dienste läßt das Aufrufen von zentral gespeicherten R/3-Daten und -Abläufen selbst mit multimedialen Inhalten weltweit zu, und erleichtert gleichzeitig die Handhabung, welche durch das Hyperlinksystem fast intuitiv von Anfängern zu verstehen ist. Die Entwicklung und Unterstützung der Programmiersprache Java war die optimale Ergänzung zu den relativ primitiven HTML-Möglichkeiten, um bisherige Web-Dokumente mit einer Programmlogik zu versehen und um Gestaltungs- und Gliederungsmöglichkeiten zu schaffen.

Kapitel II   Electronic Commerce

2.1 Einführung in Electronic Commerce

Electronic Commerce[21] entsteht durch die Anwendung elektronischer Mittel, die die Kommunikation und den gemeinsamen Informationszugang zwischen Handelsparteien zu Geschäftszwecken erlauben, wobei der Rahmen die elektronischen Märkte bilden[22]. Mittels elektronischer Kommunikationsinstrumente wie beispielsweise das Internet wird auf elektronischen Märkten Angebot und Nachfrage erzeugt, die sich prinzipiell den konventionellen ähneln. Marktplätze oder Geschäfte, wo sich Angebot und Nachfrage treffen, sind im WWW die Angebotsseiten der Hersteller *(virtuelle Filialen)* oder die sogenannten *virtuellen Einkaufszentren (virtual malls)*. Virtuelle Einkaufszentren können als ein Gemisch herkömmlicher Kaufhäuser und Versandkataloge beschrieben werden, da man sich wie gewohnt die Produktpaletten der im Mall anbietenden Hersteller zeigen lassen und in den zum Einkaufswagen äquivalenten *virtuellen Warenkorb* legen kann, bis man die Waren schließlich erwerben möchte. Die Zustellung von Waren erfolgt entweder wie gewohnt durch Versand über den Postweg oder noch besser, über das Netz für digitalisierbare Waren wie Software, Audio- und Videoinformation oder jede übrige Form von Daten. Mit „virtuell" wird in den hier beschriebenen Zusammenhängen die Realisierung von Dingen auf dem Internet verstanden, die zwar in elektronischer Form vorliegen, aber dennoch in der gleichen Weise funktionieren wie deren greifbare, materielle Vorbilder.

Electronic Commerce ist nicht nur auf die Akquisition von Produkten beschränkt, sondern ist die allgemeine ökonomische Verwendung von Netzen für einen professionellen Einsatz. Alle Aktivitäten, die auf einem konventionellen Markt anzutreffen sind, sind auch auf elektronischen Märkten zu finden. Aufgrund der zahlreichen Möglichkeiten wird der Electronic Commerce in Gruppen eingeteilt, die sich an den Anbieter-Nutzer-Beziehungen orientieren[23]:

---

[21] abgekürzt EC oder E-Commerce; übersetzt „Elektronischer Kommerz"
[22] Rohner (1997), S. 119
[23] vgl. Hantusch, Thomas / Matzke, Bernd / Pérez, Mario (1997), SAP R/3 im Internet, Bonn, S. 53ff und Köhler, Thomas (1997): Electronic Commerce - Elektronische Geschäftsabwicklung im Internet, Deutscher Internet Kongreß '97, in: Internet - von der Technologie zum Wirtschaftsfaktor, Heidelberg, S. 182

- In der Gruppe *Business-to-Consumer* geht es um die Geschäftsbeziehung zwischen Unternehmen und Konsumenten. Gerade hier sind große Potentiale vorhanden, neue Kunden weltweit zu bekommen und die vorhandenen schneller und bequemer bedienen zu können. Weil den Firmen die meisten Internet-Kunden nicht bekannt sind, ist es oftmals eine Herausforderung, das Angebot und die Gestaltung von Webinhalten einer unbekannten Benutzergruppe anzupassen. Allgemein spielen im Business-to-Consumer-Bereich Informationssysteme, Marketing- und Vertriebsanwendungen sowie unterschiedlichste Serviceanwendungen eine große Rolle. Interessant sind in dieser Gruppe auch die neuen Möglichkeiten zur Vermittlung von Arbeitsstellen, da durch das Internet zentral und immer aktuell bei den Unternehmen die Einsicht von Stellenausschreibungen möglich ist. Auf der anderen Seite können Arbeitsuchende auf speziellen Webseiten, die zur Vermittlung von Arbeitsstellen entworfen sind, auf eigenen Webseiten und in entsprechenden Newsgroups für sich werben, damit Firmen oder Headhunter ein Mittel haben, auch aktiv nach Arbeitskräften zu suchen.

- In dem *Business-to-Business*-Bereich kooperieren integrierte Business-Systeme verschiedener Geschäftspartner miteinander, wobei das hieraus gebildete Netz verbundener Unternehmen *Extranet* genannt wird. Internet-Anwendungen werden dabei einem externen, aber geschlossenen Benutzerkreis zur Verfügung gestellt. Beziehungen zwischen den Beteiligten können durchgängig automatisiert und optimiert werden, wie es beispielsweise mit Electronic Data Interchange (→siehe 3.3 ELECTRONIC COMMERCE MIT EDI) der Fall ist, das durch die relativ kostengünstige Basis des Internets eine neue Beachtung erfährt und weitere Chancen bietet, eine Datenintegration unternehmensübergreifender Datenflüsse zu erreichen[24]. Ein großer Vorteil liegt im Business-to-Business-Bereich darin, daß die Anwender bekannt sind und auf die Geschäftspartner bezogene Berechtigungen zur Nutzung von bestimmten Applikationen vergeben und die Informationsangebote der Zielgruppe angepaßt werden können. Der größte Teil des Electronic Commerces wird derzeit Business-to-Business betrieben[25].

- *Consumer-to-Consumer*-Beziehungen, also Beziehungen ausschließlich zwischen Konsumenten, die bisher vor allem durch lokale Zeitungen oder schwarze Bretter entstanden, sind durch die Globalität des Internets nun auch weltweit und effektiver

---

[24] Köhler (1997), S. 181f
[25] Ferné, Georges (1997): Policy Implications „E-commerce", in: The OECD Observer No. 208, S. 9

möglich. Endverbraucher können durch beispielsweise Chat-Forums, Mailing Lists, Newsgroups, Private Homepages, Internet-Telephony oder Virtual Communities in gegenseitigen Kontakt treten.

• Der *Government-to-Business*-Bereich hat bislang nur wenig Beachtung erhalten, wobei vor allem für die Steuerabrechnung, Übermittlung statistischer Daten und für öffentliche Ausschreibungen ein gewaltiges Nachfragepotential vorhanden ist.

• Ebenso sieht es bei der Beziehung *Government-to-Citizen* aus, da sich auch hier ein verbessertes Dienstleistungs- und Informationsangebot anbietet. Von Bedeutung kann dies vor allem für Ämter auf Staatsebene sein, die im Gegensatz zu den örtlichen Behörden bisher nur schwer engen Kontakt zu den Bürgern ermöglichen konnten. Ein weiterer interessanter Aspekt der Zukunft ist die Unterstützung oder gar die gesamte Abwicklung von Wahlen, sofern jeglicher Ausschluß von Manipulation garantiert werden kann.

• Die interne Kommunikation eines unternehmensweiten Netzwerkes wird als *Intranet* bezeichnet und kann in die Bereiche *Enterprise-to-Employee* oder *Employee-to-Employee* eingeteilt werden. Dafür wird weitgehend die Internet-Technologie verwendet, so daß das Intranet auch für bestimmte Leute außerhalb des eigenen Unternehmensbereiches angeboten werden kann und dann Teil des weltweiten Electronic Commerce würde. Selbst aber das reine, firmeninterne Intranet kann unter einer weit ausgelegten Electronic Commerce-Definition vor dem Hintergrund ansteigender Dezentralisierungstendenzen infolge Telearbeit, mobiler Tätigkeiten oder virtuellen Unternehmen dem Electronic Commerce zugeschrieben werden.

2.2 Motivation für Electronic Commerce

Ende 1997 betrieben allein im Business-to-Business-Bereich gut 2.000 Unternehmen Electronic Commerce auf dem Internet. Für das Jahr 2000 prognostiziert die Marktforschungsgesellschaft Datamonitor in Europa rund 64.000 und in den USA 173.000 Unternehmen die das Internet für Business-to-Business-Möglichkeiten nutzen werden[26]. Das Forrester Research Institut prognostiziert, daß im Jahr 2000 6,6 Milliarden Dollar für Online-Käufe ausgegeben werden[27]. Der Median der Werte unterschiedlicher Schätzungen, die alle den Electronic Commerce im Jahre 2000 zu bestimmen versuchen, liegt bei 55,5 Milliarden Dollar und obwohl es den Electronic Commerce auf dem Internet noch nicht lange gibt, hatte

---

[26] Global Online (1997): Der Online-Kommerz boomt weltweit, Ausgabe 9/97, S. 14
[27] Doolittle, Sean (1997): Securing the cybermarket, in: PC Today 7/97, S. 88

dieser schon im Jahre 1996 mit 518 Millionen Dollar drei Viertel des Handelsvolumens der US-amerikanischen Versandkatalogindustrie erreicht[28]. Ein gern an dieser Stelle genanntes Beispiel ist der PC-Hersteller Dell, der schon heute über 1 Million Dollar pro Tag umsetzt. Der Kommerz auf dem Internet boomt aber nicht alleine deswegen, weil Electronic Commerce „in Mode ist". Es sind die vielen neuen Möglichkeiten und Vorteile, die ein Einsteigen interessant machen[29]:

- Der Kunde kann 24 Stunden am Tag, 7 Tage die Woche auf die Webangebote zugreifen. Nach einer Statistik von America Online finden 40% der Online-Einkäufe zwischen 22:00 Uhr und 10:00 Uhr statt, als genau dann, wenn in der Regel die konventionellen Läden geschlossen sind[30].

- Jede Internet-Seite ist weltweit abrufbar, womit sich ein weltweiter Markt potentieller Kunden selbst für kleine Anbieter eröffnet.

- Kaufentscheidungen können sofort getroffen werden, was für das Internet im Gegensatz zu reinen Werbemedien wie das Fernsehen oder Zeitschriften einen enormen Mehrwert bringt.

- Aktuelle Informationen jeder Art wie beispielsweise neue Produkte, Angebote, Firmen- und Weltnachrichten können sofort nach Erscheinen bzw. Entstehen im Internet zur Verfügung gestellt werden.

- Internet-Technologie ist relativ preisgünstig, weil die Übertragungskosten im Internet merklich unter den Kosten für alternative Wide Area Network-Verbindungen (WAN-Verbindungen) oder proprietären Online-Systemen liegen. Ferner sind der Web-Browser und andere Internet-Programme entweder kostenlos oder für eine relativ geringe Geldsumme zu bekommen. Der Aufbau und Betrieb einer Internet-Seite kann weit unter den Werbungskosten anderer Medien liegen.

- Die Navigation des Browsers ist leichtverständlich und Suchhilfen machen das Aufspüren von gesuchten Informationen unkompliziert.

- Alle Webinhalte sind durch den Browser als universeller Client plattformunabhängig und daher auf verschiedensten Computerarchitekturen lauffähig.

---

[28] Wyckoff, Andrew (1997): Imaging the Impact of Electronic Commerce, in:The OECD Observer No. 208, S.6
[29] Strack-Zimmermann, Hans (1997): SAP@Web: Electronic Commerce mit R/3, Deutscher Internet Kongreß '97, in: Internet - von der Technologie zum Wirtschaftsfaktor, Heidelberg, S.36f
[30] http://www.nua.ie/surveys/index.cgi?service=view_survey&survey_number=542&rel=yes

- Anders als konventionelle Informationsbroschüren oder Produktkataloge können Web-Präsentationen aufgrund multimedialer Inhalte informativer und ansprechender sein.

- Kunden übernehmen die Arbeit der Dateneingabe und der Informationssuche, womit die Abwicklung der Geschäftsprozesse beschleunigt und preisgünstiger wird.

Ein beispielhafter Anwendungsbereich, der alle genannten Vorteile im Finanzmarkt verbindet, ist das Online-Banking, denn es macht eine gemütliche Kontoführung von Zuhause aus und allein bei dem Broking eine Ersparnis von 30% möglich[31]. So ist das Home-Banking mit einem Beliebtheitsgrad von 26,2% der deutschen Gesamtbevölkerung die attraktivste aller Online-Anwendungen[32]. Generell sind bei den *Konsumenten* neben dem Home-Banking auch Online-Shopping, Informationssuche, oder Reservierungen beliebt. Der Hauptzweck für die Internet-Nutzung in deutschen *Firmen* ist die Informationsbeschaffung und die Kommunikation, wobei der Wirtschaftszweig der Handelsvermittlung mit 83% aller dieser Branche angehörigen Unternehmen relativ am stärksten vertreten ist. Mit 56% folgen die Kreditinstitute bzw. Versicherungen und mit 43% die Dienstleistungsunternehmen. Während das produzierende Gewerbe und der Großhandel verständlicherweise etwas weniger Interesse haben, Business-to-Consumer-Beziehungen aufzubauen, ist es jedoch erstaunlich, daß sich von den deutschen Einzelhandelgeschäften nur 15% für eine Internet-Präsenz entscheiden[33], zumal dies 39% aller amerikanischen Einzelhändler vorhaben[34] und eine Prognose der amerikanischen Forschungsgesellschaft Forrester Research ausgerechnet Deutschland „eindeutig das größte Potential für Handel über das Netz" zuschreibt[35].

Zwar sind deutsche Unternehmen im Vergleich zu amerikanischen zurückhaltend, jedoch gibt es auch viele Firmen, die nur abwarten wollen, wie sich der neue Electronic Commerce entwickeln wird und vorhaben, vielleicht später hinzuzustoßen. Bei all den guten Prognosen für den Electronic Commerce scheint die Strategie zu warten allerdings genauso risikobehaftet, als sofort dabei zu sein, denn wer sich gerade jetzt zu Beginn etablieren kann, hat Erfahrungsvorsprung und ein Vielfaches an Bekanntheitsgrad, wenn der Electronic Commerce noch populärer und profitabler wird. Nur Unternehmen, die heute schon das

---

[31] Puscher, Frank / Klein, Pit (1997): Die Bank Ihres Vertrauens, in: Internetworld 8/97, S. 42
[32] Fuhrmann, Michael / Lindner, Thomas (1997): Der Online-Markt und die Onliner/Markenprofile 6, Marktuntersuchung von Gruner+Jahr/Stern, Hamburg, S. 34
[33] http://www3.business-online.de/bda/int/bo/umfrage/umfrage.html
[34] Wyckoff (1997), S. 6
[35] Absatzwirtschaft (1997): Markenvertrieb virtuell: Wer nutzt die neue Ubiquität?, Sonderausgabe 10/97, S.179

erforderliche Know-How aufbauen, sei es durch die Realisierung kommerzieller Anwendungen oder nur durch die Teilnahme an Pilotprojekten, wird für den zu erwartenden Wettbewerb im Bereich der elektronischen Märkte gerüstet sein[36]. Kleine Unternehmen neigen eher dazu, vor den neuen Möglichkeiten des Electronic Commerce zurückzuschrecken[37], obwohl gerade diese durch das Internet eine Chance haben könnten, weltweit präsent zu sein und sich mit gekonnten, auffälligen und gut umworbenen Webseiten sogar von der großen Konkurrenz abzuheben. In jungen Märkten ist die Markteintrittsschwelle relativ zu etablierten Märkten niedrig, weshalb alle Unternehmen vor der Frage stehen sollten, sich nun als Marktführer zu etablieren[38].

Durch verschärften Wettbewerb auf Grund erhöhter Markttransparenz und mehr Marktteilhaber auf dem Internet kann es passieren, daß einige Unternehmen in der jetzigen Organisationsstruktur nicht mehr wettbewerbsfähig sind und Ressourcen abbauen müssen. Ausgehend von den neuen Möglichkeiten des Internets werden jedoch auch neue Märkte und Berufe geschaffen. Einige Branchen wie Finanzdienstleistungen, die Tourismus-, oder Logistikindustrie arbeiteten, wenngleich nicht auf dem Internet, schon einige Jahre mit elektronischen Märkten. Vor allem Informations- und Transaktions-Broker gehören einer Sparte an, die immer wichtiger wird und ständig wächst[39]. Dies ist damit zu begründen, daß die große Stärke des Internets der schnelle und weltweite Informationsaustausch ist. Es liegt auf der Hand, daß darum diejenigen Branchen, welche vorwiegend durch den Handel mit Informationen Geld verdienen, durch das Internet ein optimales Medium zur Ausführung der Berufsgruppen haben.

2.3 Online-Marketing

Die Abkürzung *Online* von „on the line" deutet schon an, daß es sich bei Online-Marketing um ein Marketing handelt, dessen Grundlage eine elektronischen Netzverbindung ist, und vorwiegend mit dem Internet in Verbindung gebracht wird. Die Definition des Marketings an sich ist gemäß der American Marketing Association (AMA), der Planungs- und Durchführungsprozeß der Konzipierung, Preisfindung, Förderung und Distribution von Ideen,

---

[36] Brenner, Walter / Zarnekow, Rüdiger (1997): Noch fehlt die schnelle komplette Marktinformation, in: Office Management 4/97, S. 18
[37] http://www3.business-online.de/bda/int/bo/umfrage/2-1.html#dtfirm
[38] Niemeier, Joachim (1997): Technologie ist nichts, Know-How dagegen alles, Office Management 2/97, S.16
[39] Mattes (1997), S. 40ff

Gütern und Dienstleistungen, um Austauschprozesse zur Zufriedenheit individueller und organisationeller Ziele zu erzeugen[40].

Ein effektives Marketing erfordert, daß Führungskräfte die wechselseitige Beziehung zwischen etwa Verkauf und Verkaufsförderung erkennen und zu kombinieren wissen, um daraus einen Marketingplan zu erstellen[41]. Ein Hauptfaktor ist dabei zu wissen, was die Zielgruppe von einem anzubietenden Produkt wünscht. Das gilt selbstverständlich auch für das Online-Marketing, so daß Web-Seiten-Anbieter ein Produkt liefern müssen, das unter diesen Aspekten seinen Kundenkreis findet[42]. Um zu gewährleisten, daß eine kostspielige und mit großer Mühe erstellte Internet-Präsentation gut frequentiert wird und Besuchern auf diese auch wiederholt zugreifen, ist es wichtig, daß dem Leser ein echter Nutzwert angeboten wird[43].

2.3.1 Der Online-Marketing Mix

Der Mix aus den vier Marketinginstrumenten Produkt, Preis, Kommunikation und Distribution wird in der englischen Literatur als Marketing Mix der vier P´s Product, Price, Promotion und Place bezeichnet[44]. Im folgenden werde ich „online-spezifisch" diese vier Bereiche behandeln.

2.3.1.1 Price

Preise stellen auf dem Internet eine ganz neue Herausforderung dar. Einerseits können *Preisänderungen* auch sehr kurzfristig auch auf den Internet-Seiten präsentiert werden, was etwa für Börsendienste überaus interessant ist. Andererseits wird durch die *Preistransparenz* mehr und mehr dazu beitragen, daß der globale Wettbewerb verschärft wird, was auch regional unterschiedliche Preise immer weniger möglich machen wird[45]. Sicherlich hat das Internet auf digitalisierbare Waren und Dienstleistungen wie Software, Musik- oder Videoclips mehr Relevanz, jedoch sind hierbei auch Waren betroffen, die auf dem

---

[40] American Marketing Association (1985): AMA Board Approves New Marketing Definition, Marketing News, Ausgabe vom 1.3.1985, Chicago S. 1
[41] Belch, George / Belch, Michael (1995): Introduction to Advertising and Promotion, Irwin, S. 6
[42] Mahlbacher, Thomas (1997): Zentren des Verkehrs oder verkehrsberuhigte Zone?, in: Office Management 4/97, S. 47
[43] Jakob, Steffen (1997): Internet Marketing - oder finde ich die Nadel im Heuhaufen?, Deutscher Internet Kongreß ´97, in: Internet - von der Technologie zum Wirtschaftsfaktor, Heidelberg, S. 149
[44] Belch/Belch (1995), S. 6
[45] Mattes (1997), S. 87

herkömmlichen Weg geliefert werden können, so daß viele Anbieter über das Internet zugängliche Preislisten bewußt nicht anbieten, um einen leichteren Preisvergleich mit der Konkurrenz auszuschließen. Was also für preisorientierte Firmen ein Vorteil sein kann, ist für serviceorientierte Firmen ein Nachteil, da diese, aufgrund deren relativ hohen Gemeinkosten, meist teurere Waren anbieten müssen.

Rabattpolitik ist auch im Internet eine wichtige Marketingmöglichkeit, um Kunden von Produktkäufen zu überzeugen. Unternehmen sind in der Lage, beträchtliche Geldbeträge, die sonst für Servicepersonal und Räume ausgegeben werden müßten, einzusparen und diese Einsparungen direkt an die Kunden mit Rabatten weiterzugeben. Denkbar ist dies auch für Firmen, die nicht nur oder nur teilweise auf dem Internet verkaufen und auf der einen Seite neue Kunden gewinnen und auf der anderen Seite bisherige Kunden zu erneuten, preiswerteren Einkäufen locken kann. Neben der 24stündigen Shopping-Möglichkeit sind niedrigere Preise ein enormes Lockmittel für das Online-Einkaufen. Ein Beispiel ist die Firma CUC International Inc., die ein virtuelles Kaufhaus betreibt und gemeinsam mit Logistik-Unternehmen die Kundenbestellungen koordiniert, wodurch sie die Waren bis zu 50 Prozent unter dem sonst üblichen Preis anbieten kann[46].

In den Realisierungsplänen zur Erstellung von Webangeboten muß aufgrund des Marktfaktors Preis schon am Anfang geklärt werden, ob sich die Unternehmen als „Preisgewinner" rühmen oder sich eher als „Servicesieger" hervortun wollen[47]. Das entscheidet dann auch wieviel Prozent der Internet-Seiteninhalte mit eigenen Produkten und wieviel mit Sekundärdiensten, die über reine Produktinformationen hinausgehen, gefüllt werden sollten.

2.3.1.2 Product

Rechtliche Beschränkung, Versandmöglichkeit, Zielgruppe oder Erklärungsbedürftigkeit sind Kriterien, die bei der Produktauswahl für Internet-Verkäufe zugrunde gelegt werden müssen, um Erfolg zu haben[48]. Beispielhafte Informationsprodukte, die für den Online-Vertrieb besonders geeignet sind, können aus der folgenden Tabelle entnommen werden. Ein bedeutendes Merkmal dafür, inwiefern ein Produkt für die Distribution auf dem Internet

---

[46] Absatzwirtschaft (1997): Markenvertrieb virtuell, S. 179
[47] Chatah, Mahmoud (1997): Der Draht zum Kunden im elektronischen Marktplatz, in: Office Management 4/97, S. 49
[48] Roll (1996), S. 48

geeignet ist, ist das Versandkostenverhältnis zwischen den Lieferungskosten und Produkt selbst.

Software aller Art	Bilder/Fotos
Soundsamples und Musikstücke	Videoclips
Datenbankausgaben/Recherchen	Artikel/Aufsätze/Literatur
Reisebuchung	Buchung von Eintrittskarten
Sitzplatzreservierung	Studienprogramme via WWW
Versand von Nachrichten in andere Systeme (Fax, Telex, Mobil-Netz, Telefonnetz, etc.)	

Abbildung 2-1: Beispielhafte Informationsprodukte

Neben der Suche nach einem richtigen Produkt, kann auch die Produkt*auswahl* innerhalb einer Produktkategorie durch das Internet unterstützt werden, was ich anhand eines Beispieles aus der Musikindustrie veranschaulichen möchte: Durch den Vertrieb von Liedern über das Internet ist es denkbar, die Abrufraten der einzelnen Musiktitel in Kombination mit den demographischen Daten der Abrufer aus (Online-)Marktbefragungen zu ermittelt, woraus dann Nutzerprofile enstehen. Diese Nutzerprofile sind entscheidend bei der Angebotsentscheidung der anzubietenden Musikstücke oder gar bei der Erstellung neuer Produkte, wie beispielsweise die Erstellung von „The Best Of"-Zusammenstellungen, in denen die beliebtesten Lieder im Paket, korrespondierend zu Langspielplatten, preisgünstiger vertrieben werden, als nur einzelne „Singles", also Lieder, zu verkaufen. Das inhaltliche, funktionale und qualitative Angebot kann mit aus dem Internet unterstützt entwickelten Nutzerprofilen bedeutend verbessert werden[49]. Neben Nutzerprofilen sind aber auch *Produkttests* auf dem Internet eine hervorragende Möglichkeit, um „Prototypen" -bei Software handelt es dabei um die sogenannten *β-Releases*- auf Erfolgschancen, Benutzerfreundlichkeit und Fehler durch Internetnutzer prüfen zu lassen und so einen Beitrag zur Produktverbesserung zu erreichen.

2.3.1.3 Promotion

Promotion ist die Koordinierung aller durch den Anbieter erzeugten Anstrengungen, um Informationskanäle aufzubauen und um zu überzeugen, damit Güter, Dienstleistungen oder

---

[49] Weiber, Rolf (1997): Der Cyberspace als Quelle neuer Marktchancen, in: Absatzwirtschaft 8/97, S. 79

Ideen verkauft werden können[50]. Die Ziele des Promotion werden durch den sogenannten *Promotional Mix (Kommunikationsmix)* realisiert, der aus den fünf Elementen Werbung, Direktmarketing, Verkaufsförderung, Öffentlichkeitsarbeit und persönliches Verkaufen besteht[51], wobei all diese Elemente auch auf die Kommunikation im Internet übertragen werden können - jedoch dort etwas anders ausgeprägt sind.

Werbung ist definiert als jegliche bezahlte Form der nicht persönlichen Kommunikation für ein Unternehmen, Produkt, Dienstleistung oder eine Idee, bei der der Geldgeber identifizierbar ist[52]. Werbung im Internet ist beträchtlich anders als wie man es von bisherigen Medien kannte. Obwohl die Möglichkeiten der Multimedialität vorhanden sind, sind die Netzverbindungen noch meist viel zu langsam, als daß große Mengen an Daten für beispielsweise Videoclips in adequater übertragen werden könnten. Hinzu kommt, daß eine Hinterlegung mit beispielsweise Audioinformation nur dann sinnvoll ist, wenn dies von dem Clients der Benutzer unterstützt wird, also etwa eine Sound-Karte mit Lautsprechern und entsprechende Software vorhanden ist. Es geht deshalb bei Online-Werbung darum, ein neues Verständnis für das unterschiedliche Medium Internet mit seinen Diensten und Möglichkeiten zu entwickeln. Online-Werbung muß dem Benutzer einen Nutzen bringen oder ihn zumindest sehr neugierig machen, denn anders als im Fernsehen kann der Betrachter Werbungen übergehen, weil etwa Banner nur einen Teil der Internet-Seiten ausmachen und Webseiten an sich bei Nichtgefallen schnell gewechselt werden können[53].

Bei *Direktmarketing* kommunizieren Unternehmen direkt mit dem Konsumenten, um Transaktionen oder Reaktionen zu bewirken. E-Mail ist für diese Zwecke ähnlich den täglich „ins Haus flatternden" Werbeprospekten eine Art, direkt und kostengünstig mit Konsumenten Kontakt aufzunehmen, indes der Beschaffung des Adreßmateriales einer wichtigen Rolle zukommt, um nur Interessierte und für das Unternehmen potentielle Kunden anzuschreiben[54]. Durch das Versenden von willkürlicher Massen-E-Mails an Millionen von Internet-Benutzern kann eine Firma sich nicht nur den Ruf schädigen, sondern auch illegal Handeln, denn auf der einen Seite ist es nicht nur für alle uninteressierten Leute lästig, ständig „Müll" in der eigenen Mailbox zu haben; auf der anderen Seite kostet es auch Zeit und damit Geld, die E-Mails vom

---

[50] Ray, Michael (1982): Advertising and Communication Management, Englewood Cliffs, S. 9
[51] Belch/Belch (1995), S. 9ff
[52] Alexander, Ralph (1965): Marketing Definitions, American Marketing Association, Chicago, S. 9
[53] Roll (1996), S. 73
[54] Roll (1996), S. 83f

Pop-Server auf den Client des Konsumenten zu laden, wenn diese für Telefon- und/oder Internetverbindungen pro Zeiteinheit bezahlen müssen. Sobald der Konsument wegen einer Promotion-Maßnahme Aufwand hat, ist dies in einigen Staaten illegal, weshalb dem Zuschicken von kommerzieller E-Mails eine ausdrückliche Aufforderung der Konsumenten vorgehen sollte.

Verkaufsförderungen sind Marketingaktivitäten, die Kaufanreize oder Mehrwerte schaffen, um Verkäufer bzw. Außendienstler bei Ihren Tätigkeiten zu unterstützen und Konsumenten zu einem sofortigen oder baldigen Kauf zu bringen[55]. Selbst bei der heutigen Anzahl von Webseiten können schon neue Kunden meist nur noch durch Verkaufsförderungsmaßnahmen gelockt werden. Aktualität, Schnelligkeit oder nackte Informationen sind nicht mehr interessant genug, um Internet-Benutzer zufrieden zu stellen. Rabatte, ausdruckbare Coupons oder Produktproben bei etwa Software, Musik, Bildern oder Videoclips entsprechen den üblichen Verkaufsförderungen. Jedoch tun sich auch neue Möglichkeiten in diesem Bereich auf, wie etwa das Anbieten von Online-Spielen, Chat-Räumen, kostenloser Software, Nachrichten, Newslettern, oder neuer Technologie wie etwa dreidimensionale Welten via VRML, um einerseits neue Interessenten zu locken und andererseits bestehende zu einer virtuellen Gemeinschaft zusammenzubringen, was wiederum die Loyalität der Konsumenten stärkt. Genauso wie das Internet an sich bei vielen Benutzern im Trend der Zeit liegt, so gibt es auch richtungsweisende Trends *auf* dem Internet, wie zum Beispiel neuartige Technologien oder Marketingideen, und sollten von den Anbietern von Webseiten sofort aufgegriffen werden, um bei den Internet-Nutzern „in" bzw. „cool" zu bleiben.

Eine weitere wichtige Komponente des Promotions ist *Publicity* und die damit zusammenhängende *Public Relations (Öffentlichkeitsarbeit).* Publicity ist eine nicht persönlich übermittelte Kommunikation bezüglich eines Unternehmens, eines Produkts, einer Dienstleistung oder einer Idee, welche von einem Auftraggeber nicht direkt bezahlt oder veranlaßt wurde[56]. Sie kommt unter anderem in Zeitungs-/Zeitschriftenartikeln, Fotos, Filmen oder Fernsehshows vor und kann zum Beispiel durch Pressemitteilungen gefördert werden. Die niedrigen oder entfallenden Kosten für Publicity ist neben der hohen Glaubwürdigkeit ein großer Vorteil. Sobald ein Unternehmen Informationen systematisch plant und verbreitet, um Publicity zu kontrollieren, wird das Promotion-Element Public Relations ausgeführt, das

---

[55] Belch/Belch (1995), S. 12

konkret zum Ziel hat, ein positives Image durch beispielsweise gemeinnützige Tätigkeiten bei einer breiten Masse zu erzeugen[57]. Das Public Relations kann auf dem eigenen Internet-Angebot leicht gesellschaftliches Engagement oder Umweltschutzmaßnahmen präsentieren, sowie Hintergrundinformation des eigenen Unternehmens anbieten[58]. Darüber hinaus können Pressemitteilungen durch E-Mail und eigene Webseiten schnell und effizient verbreitet werden.

Persönlicher Verkauf ist über das Internet derzeit nur äußerst begrenzt möglich. Weil die Video- und Audioübertragung noch eher nur von einen kleinen Benutzergruppe genutzt wird, entfällt der Bereich der direkten Kommunikation zweier Individuen bisher fast gänzlich. Einzig das Chatten, also die Übertragung von eingegebenen Sätzen in nahezu Echtzeit, ermöglicht zur Zeit eine direkte interpersonelle Kommunikationsform, die schon einige Jahre existiert und von einer Vielzahl von Konsumenten benutzt wird. Weil die an diesem Dienst teilnehmenden Internet-Nutzer meist aber persönliche Dinge austauschen, ist der Chat nur begrenzt für Marketingzwecke möglich, aber trotzdem eine mögliche Maßnahme für den KommuNikationsmix. Speziell auf den eigenen Webseiten eingerichtete Chat-"Räume", die Diskussionen über das Unternehmen oder Produkte anregen, sind eine denkbare Ergänzung des Internet-Angebotes, in denen ein Diskussionsleiter hin und wieder die Firma betreffende Dinge anpreisen kann.

Ein immer mehr an Bedeutung zunehmender Bereich des Promotions ist das *Event Marketing*. Sinn des Event-Marketings ist es, durch einmal oder gelegentlich stattfindende und attraktive Veranstaltungen die Beachtung der Zielgruppe zu erlangen und während dieser Ereignisse unterschiedliche Formen von Promotion zu betreiben. Ein Beispiel des Event-Marketings ist die Übertragung von Konzerten oder exklusiven Interviews wie der Radioauftritt der bekannten Musikgruppe „Depeche Mode", der gefilmt wurde und ausschließlich über das Internet nicht nur gehört, sondern auch angeschaut werden konnte. Weil Depeche Mode in dem gleichen Jahr außer zwei weiteren Interviews keinen anderen Auftritt hatte, wurde die Veranstaltung ein Marketingerfolg[59].

---

[56] Belch/Belch (1995), S. 15
[57] Belch/Belch (1995), S. 15f
[58] Roll (1996), S. 80ff
[59] Taylor, Tess (1997): Who´s Wiring Hollywood?, Interview mit Marc Schiller, The Network News Vol. VII No. 6, 11-12/97, S. 8

2.3.1.4 Place/Distribution

Die Online-Distribution beschäftigt sich mit dem Verkauf und dem Liefern von Waren über elektronische Netzdienste. Bereits vor vielen Jahren wurde der Online-Dienst Bildschirmtext von Firmen wie Quelle oder Neckermann genutzt, um bequem von Zuhause aus und zu jeder Zeit Bestellungen aufzugeben. Damals mußten aber selbst digitalisierbare Produkte wie Software über den Postweg konventionell ausgeliefert werden und wenn die Bezahlung nicht Online über den Online-Dienst-Anbieter abgewickelt wurde, dann wurde auch bei der Bezahlung ein *Medienbruch* begangen, so daß maximal die Verkaufsförderung, die Verkaufsdurchführung und die Dienstleistungen nach dem Kauf einer Ware über das Rechnernetz unterstützt wurde - nicht jedoch die Distribution[60].

Durch die in Unterkapitel 2.5 BEZAHLEN ÜBER DAS INTERNE vorgestellten Zahlungssysteme wird eine sichere Bezahlung nun auch im Internet möglich, ohne daß Kunden Online-Dienste wie etwa T-Online, America Online oder CompuServe durch deren Inkassomöglichkeiten nutzen müssen. Das Internet kann durch das File Transfer Protokoll, WWW, oder neuartige Übertragungstechniken als Distributionsmedium für viele Produkte verwendet werden. In Deutschland hat der Verkauf über das Internet eine günstige Voraussetzung, weil der Versandhandel schon gut entwickelt ist und nun nur mehr als bisher auch auf elektronischem Wege populärer werden muß. Nachdem die technische und betriebswirtschaftliche Hürden immer mehr überwunden werden, verbleibt jedoch eine noch in den Kinderschuhen. Gemeint ist dabei die rechtliche Grauzone, die sich erst in den nächsten Jahren durch zunehmende Beachtung seitens der Regierungen aufklären wird, wobei bei dem Versand schon jetzt gilt, daß das Internet eine Kommunikationsform wie jede andere ist und daher grundsätzlich die Gesetze des Absender- und Empfängerlandes anzuwenden sind. Dies läuft korrespondierend zu den bisherigen Geschäften, die nicht unter Mithilfe des Internets zustande kommen, ab[61]. Weitere gesetzliche Regeln werden turnusmäßig auch von der Wirtschaft gefördert, wie es beispielsweise erst im November 1997 in den USA geschah, als Apple, Compaq, Digital, Data General, Hewlett-Packard, IBM, NCR, Silicon Graphics, Stratus, Sun und Unisys von US-Präsident Clinton weltweit gültige Internet-Steuern, die Einbeziehung von Netzspezifika in die Handelsbedingungen und freien Verschlüsselungsexport forderten[62].

---

[60] Stolpmann, Markus (1997): Elektronisches Geld im Internet, Köln, S. 34
[61] Roll (1996), S. 48f
[62] Computer Woche (1996): Clinton soll handeln, Ausgabe Nr. 47, 20.11.1997, S. 1

2.3.2 Anforderungen an das Online-Marketing

Zwar ermöglicht das schnelle und flexible Online-Marketing neue Chancen, aber es stellt auch neue *Anforderungen*. Weil das Internet nicht nur ein neues Medium ist, sondern gar eine neue Art von Medium, können Marketingleute noch nicht so richtig damit umgehen. Ähnlich war es mit der Markteinführung des Fernsehers, als die frühen Fernsehwerbungen nur aus festen Bildern und beigefügter Audioinformation bestand. Man mußte das Medium erst kennenlernen und erkannte daraufhin, als es klar war, daß die Regeln für Printmedien nicht auf das Fernsehen übertragbar sind, wie Fernsehspots am Besten realisiert werden[63]. Derzeit werden für das Internet erste Erfahrungswerte gesammelt und jedes Unternehmen sollte umsetzbare Online-Marketingregeln entsprechend verwirklichen. Wenn eine eigene Online-Präsentation vergleichsweise zu anderen Defizite aufweist und darum unter Umständen nur selten besucht oder gar abgelehnt wird, kann es anstatt den Ruf eines Unternehmens zu fördern, ihn gar zerstören. Aufgrund einer Vielzahl neuer, kleiner Werbeagenturen, die sich auf Online-Marketing spezialisieren, ist ein gutes Online-Angebot auch relativ preiswert machbar, da die neuen Agenturen niedrigere Gemeinkosten als die etablierten, großen Agenturen haben und so die Kunden mit Preisen anlocken können, die zwischen den einzelnen Werbeagenturen um mehr als 1.000% auseinander liegen[64].

Als Anforderungen und gleichzeitig Erfolgsfaktoren gelten hier neben der fortwährenden Aktualität, der inhaltlich und gestalterisch ansprechenden Aufbereitung des Informationsangebotes auch die Sicherstellung der 24-stündigen Bereitstellung der Online-Präsentation. Kunden sollten sich nicht nur angezogen fühlen, sie müssen auch in der Lage sein, die Angebote nutzen zu können, wobei eine günstige Gestaltung weiterhilft, sich innerhalb von webseiten zurechtzufinden, und ein geeignetes System mit schneller Netzanbindung sicherstellen muß, daß allen Interessenten ein Besuch ermöglicht wird. Eine weitere wichtige Anforderung ist, das Angebot fortdauernd zu verändern und dieses den neuen Entwicklungen im Online-Markt anzupassen. Nicht nur Trends der Benutzer und deren technische Machbarkeit ist dabei wichtig, sondern auch die Beachtung der Nutzerprofile. Wandten sich 1995 noch 85% der Anzeigekunden des Suchdienstens Yahoo! an den High-Tech-Sektor, so richteten sich 1997 bereits 80% der Anzeigekunden an den

---

[63] Emery (1996), S. 227
[64] Boulle, Peter (1997): Kräftemessen, in: Global Online 9/97, S. 17

Normalverbraucher[65], so daß webangebote nicht nur für „Computerfreaks" verständlich sein dürfen. Eine sonstige Anforderung ist es, den interaktiven Dialogs mit dem Kunden nicht nur durch interaktive webseiten automatisiert zu unterstützen, sondern auch durch umgehende, persönliche Reaktionen bei Anfragen, Bestellungen, Kritiken oder Lob über E-Mail[66]. Aber trotz dieser einfachen Aufgabe, E-Mails genauso wie gewöhnliche Briefe zu bearbeiten und zu beantworten, hapert es noch in vielen Firmen gewaltig, E-Mails genauso ernst zu nehmen wie herkömmliche Briefe[67]. Wenn man eingegangene E-Mails allerdings ausdruckt, kopiert und in den üblichen innerbetrieblichen Postverteiler gibt, ist der ursprünglich mögliche Zeitgewinn wieder schnell verspielt[68]. Die Management- und Technologieberatung Booz, Allen & Hamilton erklärt zu den Elektronischen Dienstleistungen, daß sich auf Dauer ein Unternehmen nur dann behaupten könne, wenn es diesem gelinge, langfristige Kundenbeziehungen aufzubauen[69] und dabei spielt E-Mail ein enormer Servicefaktor, der mit weiterer Netzpopularität weiter zunimmt.

So sehr aber auch die Marketinginstrumente durch eine geeignete Unternehmensphilosophie und das Electronic Commerce durch neue Technologien verbessert werden können, geht es dabei nur um den Effizienzaspekt, also *wie* Dinge gemacht werden. Übergeordnet ist der Effektivitätsaspekt, bei dem es darum geht, *was* für Sachen unternommen werden[70]. Egal wie sehr sich ein Unternehmen auch bei der Gestaltung von Internet-Angeboten und der dabei unterstützten Marketinginstrumente anstrengen wird, so muß erst gründlich die Frage durchdacht sein, was für Absichten mit einem Internet-Auftritt verfolgt und welche Marketinginstrumente in was für einem Verhältnis zueinander genutzt werden. Ähnlich stellt sich die Frage bei den Sicherheitskriterien. Welche Bezahlungsmöglichkeit ist für die auf dem Internet angebotenen Waren am vorteilhaftesten und vertrauenserweckensten? Eine wohldurchdachte Strategie ist wie für jeden Marktauftritt auch für den Electronic Commerce von großer Bedeutung. Es gilt daher wie so oft: Die Planungsphase so intensiv durchführen

---

[65] Business Week (1997): Das Internet entwickelt sich zu einem normalen Werbeträger, 6.10.97
[66] Hünerberg, Reinhard (1996): Handbuch Online-Marketing, Landsberg/Lech, S. 223
[67] vgl. Tamberg, Daniel (1997): Alles schon vorbei?, Internet-Ignoranz in Deutschland, in: Internetworld 8/97, S. 103
[68] Deutsch, Christian (1997): „Eine Anzeige wäre viel teurer", in: Office Management 4/97, S. 58
[69] Demmer, Christine / sr (1997): In Sachen Kundenpflege stecken deutsche Firmen oft noch in den Kinderschuhen, in: Computer Zeitung Nr. 47, 20.11.97
[70] vgl. Drucker, Peter (1955): The Practice of Management, London, S. 39ff

wie möglich, aber aufgrund der Tatsache, daß ein gewöhnliches Jahr ganze sieben Internet-Jahre beinhaltet[71], nur so lange wie nötig.

2.4 Bewertung des Electronic Commerce

Informationen sind eine steuernde Kraft, welche zunehmend mitbestimmt, ob man in einem Markt erfolgreich ist und können als „ein zentraler Erfolgsfaktor im Wettbewerb auf den Märkten der Zukunft" angesehen werden, weshalb sie die Urquelle des Wettbewerbsvorteils sind[72]. Es geht dabei nicht nur um den *Erwerb* von Informationen durch Firmen, um Wettbewerbvorteile erreichen können, sondern auch um die *Schaffung* von geeigneten Informationen in Kombination mit dazu passenden Medien, die diese an die Kommunikationspartner übertragen. Das Internet als Übertragungsmedium ermöglicht dabei hervorragend die Unterstützung der zwei Erfolgsgrößen *Schnelligkeit* und *Flexibilität*, welche aufgrund der gestiegenen Marktdynamik zu den bisherigen Erfolgsfaktoren *Qualität* und *Kosten* dazugekommen sind[73].

Egal wie stark eine neue Technologie propagandiert wird, so muß stets ein gewisser *Mehrwert* gegenüber einer bisherigen Lösung sichtbar sein, um die Popularität erheblich zu steigern. Dieser bereits bestehende komparative Mehrwert für die Benutzung elektronischer Dienste auf dem Internet -im Gegensatz zu korrespondierenden konventionellen Verfahrensweisen- muß vielen Leuten erst noch klar werden, bis sich das Internet vor allem im Business-to Consumer-Bereich in einem noch größerem Maße zum Massenkommunikationsmedium entwickeln kann[74]. Dies kann das Marketing mit herkömmlichen Medien unterstützen, wobei aber nicht nur in etwa Zeitungsanzeigen oder Visitenkarten auf eine Internet-Präsenz hingewiesen werden sollte, sondern, wie es in USA schon gängig ist, auch in hohem Maße im Radio oder Fernsehen, um die breite Öffentlichkeit anzusprechen und sie mit den neuen Diensten bzw. Medien ständig zu konfrontieren[75]. Es ist nicht verwunderlich, daß in den USA, wo Marketing einen größeren Stellenwert besitzt, die Leute auch in höherem Maße von Innovationen überzeugt werden können. Um Menschen von etwas zu überzeugen, muß eine werbende Nachricht erst einmal an den Empfänger gelangen,

---

[71] Niemeier, Joachim (1997): Technologie ist nichts, Know-how dagegen alles, in: Office Management 2/97, S. 14
[72] Weiber (1997), S 82
[73] Weiber (1997), S 82
[74] Hantusch (1997), S. 27f

so daß bei der hier erörterten Aufgabe das herkömmliche Marketing und Online-Marketing Hand in Hand ineinander übergehen muß. „Wer nicht klassisch wirbt, kann im Internet nicht erfolgreich werben. Auch im Zeitalter des Internets bleibt die klassische Werbung wichtig: Sie dient dem Aufbau von Markenbekanntheit und Markenimage...“[76]. Nach Angabe des Fachverbandes Informationstechnik im VDMA und ZVEI hält Deutschland im europäischen Gesamtmarkt für Telekommunikation und Informationstechnik einen Anteil von 26 %, aber im europäischen Electronic-Commerce-Markt nur 9,5%[77]. Solch eine Diskrepanz gäbe es unter Umständen nicht in einem derartigen Ausmaß, wenn die Konsumenten mehr über Electronic Commerce aufgeklärt und animiert würden, und darüber hinaus nicht nur die Wirtschaft, sondern auch der Staat die Vorteile der Internet-Dienste eher unterstützen würde. Anstatt über geeignete Rahmenbedingungen zu diskutieren wird das Hauptaugenmerk bei vielen Politikern überwiegend auf die bedrohlichen Seiten der Internet-Dienste gesetzt.

Es sind aber nicht nur die Gewohnheiten, Interessen oder tradierte Wertevorstellungen der Menschen, die veranlassen, sich bezüglich der neuen Technologien zurückzuhalten oder abzuwarten. Sicherheitsrisiken sind auch ein mitbestimmendes Kriterien für die Akzeptanz des Electronic Commerce. Um die große Masse der Konsumenten zu Einkäufen auf dem Internet zu bewegen, bleibt also noch ein Punkt offen: Wie kann man über das Internet sicher bezahlen?

2.5 Bezahlen über das Internet

Daten auf dem offenen Internet sind beim Weglassen spezieller Sicherheitsmaßnahmen leicht zu modifizieren oder abzuhören. Die hier beschrieben Lösungsansätze sind wichtig für die technologische Umsetzung, jedoch darf von Anfang an nicht vergessen werden, daß Verfahren nur dann auch aus Benutzersicht erfolgreich werden können, wenn sie benutzerfreundlich und vertrauenserweckend sind[78].

---

[75] vgl. Bruce, Haring (1997): Digital Downloading Arrives, in: The Network News, Vol. VII No. 4,   7-8/97, Los Angeles, S. 8
[76] Emery (1996), S. 9
[77] Beuthner, Andreas (1997): Ein neues Rahmenwerk für die Sicherheit wird die Deutschen ins Internet locken, in: Computer Zeitung Nr. 47, 20.11.97, S. 28
[78] Luckhardt, Norbert (1997): Die Mutter der Porzellankiste, in: c't report Geld online, 2/97, S. 23

2.5.1 Sicherheitsaspekte und Sicherheitsverfahren

Bei der elektronischen Bezahlung geht es um Datentransaktionen, an die die National Computer Security Association fünf Voraussetzungen stellt, damit sie als sicher gelten[79]: Zum einen wird *Vertraulichkeit* verlangt, was Sicherheit gibt, daß die beteiligten Personen unter sich bleiben und andere Parteien nicht an der Kommunikation teilhaben können. Eine weitere Voraussetzung ist, daß die *Integrität* der Daten zu jedem Zeitpunkt gegeben ist und daher die Daten der Sender immer mit den Daten der Empfänger vollständig übereinstimmen müssen. *Authentifizierung* und *Nicht-Fingiertheit* stellen sicher, daß die Identität der beteiligten Kommunikationspartner eindeutig festzustellen ist. *Nicht-Abstreitbarkeit* ist schließlich erforderlich, damit keiner der Transaktionspartner die Existenz der Transaktion leugnen kann.

Hierzu werden kryptographische Methoden angewendet, die Verschlüsselungen, digitale Siegel, digitale Fingerabdrücke und digitale Unterschriften möglich machen. Die *Verschlüsselung* ermöglicht eine vertrauliche Übertragung, die anderen den Einblick in ausgetauschte Daten verhindern soll. Unterschieden wird bei Verschlüsselungen zwischen *symmetrischen* und *asymmetrischen* Verfahren. Das Grundprinzip der Verschlüsselung ist das Chiffrieren eines Klartextes in einen Chiffretext, was mit Hilfe eines Algorithmus und eines Chiffrierschlüssel geschieht. Ein Empfänger ist dadurch nur in der Lage den Chiffretext zu dechiffrieren, wenn dieser einerseits den verwendeten Algorithmus kennt und andererseits denjenigen Chifrierschlüssel hat, der zum Entschlüsseln benötigt wird. Während das symmetrische Verfahren den gleichen Schlüssel zum Codieren und Decodieren verwendet, werden bei asymmetrischen Verfahren unterschiedliche Schlüssel benutzt. Jeder, der den Schlüssel kennt, kann bei dem symmetrischen Verfahren Nachrichten ohne Probleme lesen, weswegen sich dieses Verfahren nur in einem kleinen, vertrauten Benutzerkreis empfehlenswert ist und für die Übertragung des Schlüssels ein sicherer Kommunikationskanal notwendig ist. Sicherer ist darum das asymmetrische Verfahren, bei dem jeder Kommunikationspartner einen privaten und einen öffentlichen Schlüssel besitzt wobei jedermann, der über den öffentlichen Schlüssel verfügt, Daten chiffrieren kann und nur der Besitzer des privaten Schlüssels, den Chiffretext wieder dechiffrieren kann. Das bekannteste asymmetrische Verschlüsselungsverfahren *RSA* ist am Massachusetts Institute of Technology (MIT) entwickelt und entsprechend seiner Entwickler Rivest, Shamir und Adleman benannt worden. Das bekannteste symmetrische Verfahren ist der von IBM entwickelte *Data*

Encryption Standard (DES) und wurde bereits 1977 vom US-amerikanischen National Bureau of Standardization als Standard erhoben[80].

Die Sicherheit von Verschlüsselungsverfahren hängt neben dem verwendeten Algorithmus stark von der Schlüssellänge ab und weil die Rechenleistung moderner Computer laufend zunimmt, ist eine Erhöhung der Schlüssellänge aufgrund der damit zusammenhängenden gesteigerten Rechenzeit nötig, weil auch Manipulierer mit schnelleren Computern wiederum mehr Möglichkeiten besitzen, Codes zu knacken. In jüngster Vergangenheit kam es zu Exportbeschränkungen von seitens der USA, bei denen die Schlüssellänge limitiert und damit auch die Sicherheitswirkung reduziert wurde. Die Begründung war dabei, daß der Staat bei zu sicheren Verschlüsselungsverfahren die Kontrollfunktion nicht mehr ausreichend ausüben könne und das organisierte Verbrechen dadurch neue Möglichkeiten besäße, ungehindert zu kommunizieren.

Gesamte Dokumente zu verschlüsseln und zu entschlüsseln ist nur eine Art, um Verschlüsselungen durchzuführen. Eine andere Form besteht darin, die bei der Netzübertragung erforderlichen Übertragungsprotokolle von vornherein so auszulegen, daß die übertragenden Daten nicht erst manuell verschlüsselt werden müssen, bevor sie an den Empfänger gesendet werden, sondern, daß die Daten automatisch vor dem Übertragungsprozeß verschlüsselt und beim Empfänger automatisch wieder entschlüsselt werden. Die zwei wichtigsten Übertragungsprotokolle dieser Art sind das von Netscape entwickelte *Secure Socket Layer (SSL)* und das von der RSA-Tochter Terisa Systems entwickelte *Secure HTTP (S-HTTP)*. SSL hat sich als Quasi-Standard hervorgetan und nutzt den eigenen URL-Zugriffscode „https://", sowie statt des üblichen Web-Server-Ports 80 eigens den Port 443[81]. Es arbeitet zwischen dem Web-Browser und der Transport Schicht TCP/IP und verwendet den RC4-Verschlüsselungsmechanismus von RSA. Zwar hat Microsoft für ihre eigenen Browser ein SSL-ähnliches Übertragungsprotokoll entwickelt, das den Namen *PCT* für *Private Communications Technology* trägt, jedoch hatten sich Netscape und Microsoft Mitte 1997 aus Interoperabiliätsgründen geeinigt, ein gemeinsam entwickeltes

---

[79] Doolitle (1997), S. 88
[80] Stolpmann (1997), S. 114ff
[81] Stolpmann (1997), S 122f

Protokoll mit dem Namen *Transport Layer Security (TLS)* zu vermarkten, was für das Voranschreiten des Electronic Commerce eine günstigere Entwicklung ist[82].

Digitale Siegel sind als Ergänzung zur bloßen Verschlüsselung ebenfalls von Bedeutung. Mit Digitalen Siegeln soll es möglich sein, die Echtheit eines Dokumentes zu gewährleisten und darüber hinaus sicherzustellen, daß an den verschickten Daten nicht manipuliert wurde. *Digitale Fingerabdrücke* sichern die Datenintegrität durch kryptographische Prüfsummen und *Digitale Unterschriften* bzw. *Signaturen* geben Möglichkeiten zur Prüfung der Authentizität eines Textes sowie seines Senders bzw. Autors[83]. Wichtig sind in diesem Zusammenhang auch *digitale Zertifikate*, die auf dem X.509-Standard beruhen und die Identität derjenigen beglaubigen, die öffentliche Schlüssel besitzen. Jedes Zertifikat besteht aus einem öffentlichen Schlüssel, den Namen des Besitzers, den Namen der Ausgabestelle und die Gültigkeitsdauer. Weil die Zertifizierungsstelle, die Certificate Authority (CA), bei diesem Konzept eine tragende Rolle spielt und X.509 ein offener Standard ist, ist ein digitales Zertifikat nur so vertrauenswert wie die herausgebende CA selbst. Neben den derzeit schon bestehenden großen CA-Drittanbietern VeriSign und CyberTrust planen unter anderem IBM und der U.S. Postal Service als Drittanbieter eigene CAs.

Bei der Manipulation von Daten sind oft nur indirekt Personen beteiligt. Computerviren sind ein ebenso ernst zu nehmendes Problem, die zwar von Menschenhand programmiert wurden, aber im aktiven Zustand alleine Daten manipulieren oder gar löschen können. Obwohl bestimmte Betriebssysteme und Applikationen stärker gefährdet sind als andere, sollten unternehmensinterne Regeln die sachgemäße Verwendung von Viren-Scannern vorschreiben und den Mitarbeitern ein Bewußtsein dafür geben, was bei Nichtbeachtung passieren kann. Zu erwähnen sei noch, daß Sicherheitsrisiken nicht nur auf dem Internet, sondern auch innerhalb eines Unternehmens bestehen können. Für Zahlungssysteme erforderliche private Software oder Geheimschlüsseln sind auch vor eigenen Mitarbeitern ausreichend zu schützen, denn nach allgemeinen Erkenntnissen kommen an Datenkriminalität Beteiligte am häufigsten aus den eigenen Reihen oder sind zumindest dem Unternehmen bekannt[84].

---

[82] Doolittle (1997), S. 91
[83] Stolpmann (1997), S. 119f
[84] Hantusch et al. (1997), S. 74

2.5.2 Elektronische Zahlungssysteme

Zahlungssysteme können in drei Hauptgruppen unterschieden werden. Zum einen gibt es das System der *elektronischen Geldbörsen*, bei denen „eine elektronische, fälschungssichere Abfolge von Bytes als direktes Äquivalent zum herkömmlichen Bargeld verwendet wird"[85]. Jede elektronische Münze weist eine eindeutige Seriennummer auf, bei der kryptographische Verfahren eingesetzt werden. Darüber hinaus können Sicherheitsmechanismen erstellt werden, die ein mehrfaches Ausgeben von elektronischen Münzen durch etwa Duplikate verhindern, was aber auch den Nachteil hat, daß Zahlungsvorgänge zurückverfolgbar sind und damit die Kaufprofile aller Benutzer von elektronischem Geld kontrolliert werden können, was wiederum die Privatsphäre und die Anonymität zur Bank vollständig aufhebt. Diese bei *NetCash* verwendete Methode wurde von David Chaum zu dem Verfahren *ecash* verbessert, das bei der Firma *DigiCash* Verwendung findet. Bei ecash ist es der Bank zwar möglich nachzuvollziehen, ob es sich beim Überprüfen um herausgegebene Münzen handelt und ob diese schon eingelöst wurden, jedoch bleibt die Anonymität der Konsumenten stets gewährleistet, da die Bank den Weg des elektronischen Geldes nicht nachvollziehen kann. Ein genereller Nachteil bei der Verwendung von einmal benutzbaren Münzen besteht darin, daß relativ hohe Kosten für das Überprüfen der einzelnen Transaktionen entstehen, weswegen Digital Research das *Millicent* -Verfahren einführte, das Münzen nur für jeweils festgelegte Anbieter vorsieht, wodurch aber die Anbieter die Überprüfung der Münzen selbständig durchführen können und damit der Prüfprozeß kostengünstiger wird[86]

Eine derzeit beliebtere Bezahlungsmethode auf dem Internet ist die Bezahlung per *Kreditkarte*. Bei Kreditkarten ist zur Bezahlung keine Unterschrift des Kunden notwendig, so daß lediglich die Kreditkartennummer und das Auslaufdatum der Kreditkarte bekannt sein müssen. Dies erfordert allerdings große Sicherheitsanforderungen dar, um solch vertrauensvolle Daten ausreichend zu schützen. Anbieten tut sich bei der E-Mail-Übertragung von Kreditkarteninformationen das kostenlos erhältliche und sehr populäre Verschlüsselungsprogramm *Pretty Good Privacy (PGP)*, sowie für den Datenaustaustausch auf dem WWW das SSL-Protokoll[87]. Außerdem bietet sich der neue Standard *Secure Electronic Transaction (SET)* an, der durch die Zusammenarbeit der zwei großen Kreditkartenunternehmen VISA und Mastercard, sowie Netscape und Microsoft entstand,

---

[85] Stolpmann (1997), S. 25
[86] Stolpmann (1997), S. 25ff

SET beruht unter anderem auf Erfahrungen von CyberCash, eines früheren Standardisierungsversuches SEPP (Secure Electronic Payment Protocol), IBM´s iKP-Systemen und verwendet die RSA-Verschlüsselung und digitale Zertifikate[88].

Brokerdienste bieten sich für Anbieter an, die selbst keine Kreditkarten akzeptieren, denn Broker schalten sich gegen Gebühr zwischen den Kunden und Anbieter, um die fälligen Beträge bei Kunden einzuziehen und dem Anbieter gutzuschreiben. Nennenswert sind in dabei die Brokerfirmen First Virtual, CyberCash und CheckFree, wobei *First Virtual* nicht nur ein Broker ist, sondern auch einem elektronischem Kaufhaus gleichkommt. Transaktionspartner benutzen bei First Virtual nach der Registrierung nur noch spezielle First-Virtual-ID-Nummern, die darüber hinaus nicht über das WWW, sondern per E-Mail übertragen werden. Bei *CyberCash* werden hingegen bei jeder Bezahlung Kreditkarteninformationen übertragen, die durch eine zusätzliche Software auf Kunden- und Anbieterseite mittels 1024-bit RSA Verfahren verschlüsselt wird. Die sogenannte *Wallet*-Software kann bei CyberCash sogar mit elektronischen Münzen, den CyberCoins, kombiniert werden. Als eine Zahlungsart die zwischen Broker und elektronischem Geld angesiedelt werden kann, ist *NetBill* ein Beispiel, bei dem Kunden und Händler über ein spezielles Kundenkonto verfügen müssen, welches bei Käufen bzw. Verkäufen je nachdem mit Geldwert belastet oder erhöht wird[89].

Generell kann zwischen Macropayment, Micropayment und Picopayment unterschieden werden. Bei *Macropayment* handelt es sich um Zahlungsbeträge über 10,- DM, bei *Micropayments* um Beträge unter 10,- DM und bei *Picopayments* um Beträge im Pfennigbereich. Aufgrund der bei den Kreditkartenherausgebern anfallenden Kreditkartenabrechnungsgebühr lohnt sich der Einsatz von Kreditkarten nur für Macropayment, ansonsten empfehlen sich elektronische Geldbörsen[90].

Ein großer Antrieb für Electronic Commerce ist die Entwicklung des Standards SET, den nicht nur die beiden großen Web-Browser-Hersteller und neben SAP auch viele andere Unternehmen unterstützen, sondern auch die beiden Kreditkarteninstitute selber, wodurch bei

---

[87] Stolpmann (1997), S. 23
[88] Doolittle (1997), S. 91
[89] Stolpmann (1997), S. 23ff
[90] Stolpmann (1997), S. 36

den Kreditkartenbenutzern ein zunehmendes Vertrauen in elektronisches Bezahlen geschafft wird. Da die für Electronic Commerce erforderliche Technologie bereits vorliegt, ist es jetzt nur noch eine Frage der weiteren Implementierung und der öffentlichen Akzeptanz der neuen Technologie, um das Bezahlen auf dem Internet so selbstverständlich zu machen wie das Bezahlen per Telefongespräch. Die Aussage des Electronic-Commerce-Analysts Daniel Todd von USWeb trifft dabei genau den Punkt: „Electronic Commerce is really just ´commerce´. ´Electronic´ is an adjective... . Honestly, I think what will have the bigger impact on commerce than strong encryption, or whatever technology you want to talk about, are things like IBM deciding to do television ads."[91].

---

[91] Stolpmann (1997), S. 91

Kapitel III   SAP R/3 und Electronic Commerce

3.1 Das R/3-System

1972 wurde die Firma SAP in Walldorf/Baden gegründet und spezialisierte sich fortan auf Standard-Anwendungssoftware, die alle betriebswirtschaftlichen Funktionsbereiche abdeckt, integriert und verbindet[92]. Nachdem ab 1979 das für Großrechner konzipierte R/2-System angeboten wurde, erkannte SAP daraufhin, daß der Markttrend in Richtung Client-Server-Architektur[93] ging. Als Folge wurde 1992 das R/3-System auf den Markt gebracht, welches die Rechnerorganisation in drei Schichten unterteilt. Während in der Mainframelösung die Präsentations-, Applikations- und Datenbankebene zusammengelegt war, ermöglichte es R/3, diese Ebenen verteilt auf unterschiedlichen Rechnern laufen zu lassen. Mit dieser Architektur ist es möglich, das System beliebig zu skalieren, denn in der Realität sind die jeweiligen Unternehmenseinheiten unterschiedlich groß. Konzerne brechen immer mehr ihre Organisationsstrukturen in kleine, marktnahe und selbständige Einheiten auf, um dezentrale Führungsorganisationen zu etablieren. Weitere Vorteile liegen in einer besseren Auslastung aller beteiligten Rechner und in der verbesserten Sicherheit des Systems bei Ausfall einer Komponente.

Die *Präsentationsschicht* läuft meist auf einem PC und bringt durch die Bildschirmoberfläche den Dialog vom Benutzer zum System zustande. Die Benutzereingaben werden an die *Anwendungsschicht* befördert, welche alle Anwendungen und Dienste zur Verfügung stellt. Diese zweite Ebene enthält den Kern des R/3-Systems. Alle für das System benötigten Daten werden zentral auf der *Datenbankschicht* abgelegt, welche wie die Anwendungsschicht auf einem oder mehreren Rechnern läuft. Der aktuelle Trend ist derzeit, daß etwa fünfzig Prozent der neuen R/3-Installationen auch Windows NT für den Anwendungsserver nutzen. Unix-Systeme übertreffen aber Windows NT bei der Datenbank, weshalb Windows NT für die Datenbankschicht nur selten eingesetzt wird[94]. Bei sehr großen Installationen empfiehlt SAP

---

[92] CDI (1994): SAP R/3 - Grundlagen - Architektur - Anwendung, Haar/München, S.18
[93] vgl. Buck-Emden, Rüdiger / Galimow, Jürgen (1995): Die Client/Server Technologie des SAP-Systems R/3, Bonn
[94] Computer Zeitung (1997): NT dominiert R/3-Anwendungsserver, Ausgabe Nr. 42, 16.10.97, S. 1

darum eine Doppelstrategie und weil zentrale Datenbanken eine große Performance aufweisen müssen, werden alle wichtigen Parallelarchitekturen unterstützt[95].

R/3 ist ein mächtiges Client/Server-System, jedoch können alle Möglichkeiten nur dann entfaltet werden, wenn, im Gegensatz zu Individualsoftware, die vollständige Unternehmensumgebung in das SAP-System integriert wird. Einerseits kann es für Firmen ein Anlaß sein, alte Organisationsstrukturen aufzulösen und per Business-Reingeneering das Unternehmen neu zu gestalten, um effektivere Abläufe und eine Anpassung an R/3 zu erreichen. Andererseits sollten alle schon bestehenden Rechnersysteme wie z.B. Datenbanken, Großrechner, alte R/2 Systeme, oder sonstige Systeme von Geschäftspartnern bzw. Tochtergesellschaften mit R/3 gekoppelt werden können.

3.2 Release 3.1

Durch die erweiterte *ALE*-Technik (Application Link Enabling, siehe auch 3.5.1.3 BUSINESS APPLICATION PROGRAMMING INTERFACES) können in der Release 3.1 nicht nur einzelne voneinander getrennte Komponenten bzw. Geschäftsprozesse verbunden werden, sondern es sind darüber hinaus eine Reihe neuer ALE-Verbindungen bzw. Szenarien verfügbar, wovon sich zwei Neuerungen besonders hervorheben[96]. Zum einen ist nun die Funktion „ALE-Konsistenzprüfungen" so mit dem SAP Business Workflow verbunden, daß sie als Überwachungsmechanismus für Produktivsysteme in einer verteilten ALE-Umgebung verwendet werden kann. Automatisch wird für die Analyse und Fehlerbearbeitung ein Workflow ausgelöst, wenn Inkonsistenzen in der ALE-Konfiguration gefunden werden. Zum anderen wurde die in dem Release 3.0 begrenzte Fähigkeit, über das Internet Geschäftsprozesse auszutauschen, in Release 3.1 stark erweitert. ALE/WEB nennt sich die in Kooperation mit dem Softwarehaus iXOS entwickelte Technologie, um eine durchgängige, betriebswirtschaftliche Umgebung für R/3-Internet-Anwendungen aufzubauen[97].

3.3 Electronic Commerce mit EDI

Bevor ich näher auf ALE/WEB eingehen werde, möchte ich eine für Electronic Commerce wichtige Technologie erörtern, die bislang schon regen Einzug in viele Wirtschaftsbereiche

---

[95] Computer Zeitung (1997): Windows NT bleibt Applikationsserver, Ausgabe Nr. 44, 30.10.97, S. 9
[96] SAP AG (1997): System R/3 Release 3.1 - Geschäftsprozesse über das Internet, Informationsbroschüre, Walldorf, S. 22f
[97] http://www.ixos.de

gehabt hat. Electronic Commerce im Business-to-Business und Administration-to-Business Bereich wurde bisher vor allem mit Hilfe von *Electronic Data Interchange (EDI)* durchgeführt. EDI ist ein standardisierter Datenaustausch zwischen Computern verschiedener Unternehmen, um eine Datenintegration unternehmensübergreifender Datenflüsse und dadurch eine schnellere und papierlose Kommunikation zwischen Geschäftspartnern zu erreichen[98]. Positive ökonomische Wirkungen einer solchen unternehmensübergreifenden Technologie zeigen sich bei Just-in-Time Beschaffungsvorgängen oder Personaleinsparungen. Kosten für das andauernde Erstellen, Sortieren und Verschicken gehen mit EDI nicht mehr stark in die Höhe, wenn das Handelsvolumen steigt.

Angefangen hatte es mit dem Bedarf, fehlerresistenter und rascher unternehmensübergreifende Daten auszutauschen, um Geschäftsprozesse effektiver ablaufen zu lassen und Medienbrüche zu vermeiden. Große Produzenten mit vielen Zulieferern wie z.B. in der Autoindustrie einigten sich, daß die Zulieferer sich an die vom großen Unternehmen festgelegten Protokolle anpassen. So konnten oft vorkommende Geschäftsvorfälle, wie Bestellungs oder Rechnungsversand automatisiert werden. Weil es mit der Zeit viele EDI-Systeme mit unzähligen Protokollen gab, wurde es nötig, EDI zu standardisieren. Die Standardisierung von Datenformaten und Datenstrukturen eröffnet die Möglichkeiten für eine automatische, soft- und hardwareunabhängige Weiterverarbeitung empfangener Nachrichten, die auch durch R/3 mit Hilfe des CPI-C-Protokolls zu realisieren ist[99]. Ergebnis waren der von dem American National Standard Institute (ANSI) entworfene X.12-Standard und der von der UNO geschaffene EDIFACT-Standard (Electronic Data Interchange for Administration, Commerce and Transport), wobei letzterer verbreiteter ist.

Das Prinzip des Systems ist sehr einfach: Die Geschäftspartner benötigen neben einer physischen Kommunikationsmöglichkeit in Form einer Netzverbindung eine spezielle Software, welche die auszutauschenden Daten in das EDI-Format konvertieren und auch zurückkonvertieren kann. Bei dem Sender werden beispielsweise Bestellinformationen in das EDI-Format konvertiert und elektronisch an den Empfänger weitergeleitet. Der Empfänger konvertiert wiederum die erhaltene Sendung in ein Format, mit welchem das dortige Unternehmen arbeitet. Das kann ein gedrucktes Dokument sein, aber für echte

---

[98] Kilian, Wolfgang / Picot, Arnold / Neuburger, Rahild / Niggl, Johann / Scholtes, Kay-Larsen / Seiler, Wolfgang (1994): Electronic Data Interchange (EDI), Baden-Baden, S. 25
[99] CDI (1994), S. 192

Kosteneinsparungen bedeutet die Konvertierung der empfangenen Daten eine *Integration* in das bestehende Computersystem. Dies ermöglicht dann einen fehlerresistenteren und rascheren unternehmensübergreifenden Austausch von Daten, weil beispielsweise das manuelle Kopieren oder Übertragen von Daten entfällt und Rechneranwendungen wie das R/3-System automatisch EDI-Transaktionen einleiten und untereinander durchführen[100].

Ein kurzes Beispiel erläutert sehr gut die Vorteile einer vollständigen Integration des EDI-Systems mit bestehenden Anwendungssystemen: Das System erkennt, daß die Mindestanzahl einer Ware im Lager unterschritten ist und generiert eine Bestellung, welche per EDI automatisch and die EDI-Software des Lieferanten gesendet wird. Der Lieferant wiederum veranlaßt automatisch -optional nach Prüfung eines Sachbearbeiters- die Versendung der Ware und generiert seinerseits eine Rechnung, welche automatisch an das bestellende Unternehmen weitergeleitet wird. Dreißig Tage nach Erhalt der Rechnung veranlaßt das System des Warenempfängers elektronisch die Überweisung des Rechnungsbetrages. In dieser elektronischen Überweisung sind Angaben wofür das Geld bestimmt ist, Rechnungsscheinnummer, Bestellnummer und andere relevante Informationen enthalten[101].

Weil es notwendig ist, daß die mit EDI verbundenen Kommunikationspartner durch ein Netzwerk verbunden sind, ist es schwierig, wenn Unternehmen mit hunderten oder gar tausenden von Handelspartnern zusammenarbeiten und über EDI Daten austauschen. In solchen Fällen bieten sich sogenannte *Value-Added Networks (VAN)* an, die von Service Providern betrieben werden und als elektronische Datenvermittlungsstelle den einzelnen Handelspartnern Mailboxen zur Verfügung stellt, in welche die Unternehmen ihre herausgehende Post ablegen. Das VAN sendet diese EDI-Daten weiter an die entsprechenden Handelspartner und um eingegangene Daten zu bearbeiten, müssen die beteiligten Firmen automatisch oder manuell in regelmäßigen Abständen die übrigen VAN-Mailboxen nach EDI-Nachrichten abfragen. Während viele Firmen das proprietäre System oder VANs benutzen, gibt es bisher nur wenige, die das Internet als Übertragungsinstrument benutzen, obwohl es offensichtlich durch weite geographische Ausbreitung und die 24-Stunden-Verfügbarkeit für einen solchen Zweck geeignet erscheint. Der verbleibende Aufwand, um EDI internetfähig zu machen, liegt vor allem nur darin, die vorhandenen Protokolle dem

---

[100] TSI International Software Ltd. (1997): Bottom Line Benefits of EDI, What is EDI?, http://www.tsisoft.com
[101] Wigand, Rolf (1992): Electronic Data Interchange in the United States of America - Selected Issues and Trends, New York, S. 371

Internet anzupassen. Diese Idee setzt sicherlich die Verläßlichkeit und Sicherheit bei der Übertragung von Informationen über das Internet voraus, weswegen die EDI-Daten gekonnt verschlüsselt werden müssen und nur die beteiligten Handelspartnern die Möglichkeit erhalten dürfen diese wieder zu entschlüsseln[102]. Bei CommerceNet gibt es eine EDI-Arbeitsgruppe, die eine Architektur definiert, unter welcher der Einkäufer, Verkäufer und Anbieter von Dienstleistungen im Netz verbunden werden können. Grundgedanke dabei ist, daß diese EDI-Gestaltung auch für kleinere Firmen und Privatpersonen erschwinglich und benutzbar wird[103]. Gerade bei den immer populärer werdenden virtuellen Kaufhäusern, bei denen Waren und Dienstleistungen unterschiedlicher Hersteller nach Produktkategorien sortiert angeboten werden, ist WEB-EDI[104] eine gute Lösung, um Bestellungen oder Anfragen direkt an die entsprechenden Hersteller weiterzuleiten, um eine vollautomatische Bestell- und Serviceabwicklung zu erreichen. Schlagartig sind dann nicht nur Business-to-Business-Beziehungen in geschlossenen elektronischen Ketten abzuwickeln, sondern auch geschäftliche Beziehungen mit privaten und öffentlichen Kunden lassen sich ohne Medienbruch planen und realisieren[105].

Das R/3-Systems kann EDI-Prozesse unterstützen. Um dabei den zentralen Rechner zu entlasten, sowie eine 24-stündige Verfügbarkeit des EDI-Services aufrechtzuerhalten, wird empfohlen, die wichtigsten EDI-Komponenten wie Übersetzer, Nachrichtenarchiv und Schnittstellen auf einer separaten Workstation zu betreiben. Das für EDI benutzte CPI-C-Protokoll geht grundsätzlich davon aus, daß zwischen den Kommunikationsteilnehmern eine synchrone Verbindung besteht, wobei auch asynchrone Verbindungen unterstützt werden können. Hierbei werden die Daten in sogenannten Queues zwischengespeichert und der Verwaltungsmechanismus dieser Queues kann in den Anwendungsprogrammen mit Hilfe *Application Programming Interfaces (APIs)* an beliebiger Stelle eingebaut werden. Zu einem beliebigen Zeitpunkt werden dann vom Batch-Scheduler die Daten aus einer Queue entnommen und anschließend an das entsprechende Verarbeitungsprogramm weitergeleitet[106].

Die ALE/WEB-Technologie ist nicht zwingend als Konkurrent zu EDI anzusehen, sondern vielmehr als eine passende Ergänzung auf Seite der Geschäftspartner. Mit ALE/WEB

---

[102] in der Literatur Secure EDI oder EDISec genannt
[103] Emery (1997), S. 368
[104] Köhler (1997), S. 182
[105] Summa, Harald (1997): EDI und Internet - eine Bestandsaufnahme, in: Online 9/97, S. 48
[106] CDI (1994), S. 192

ermöglichte Geschäftstransaktionen können mit Hilfe von EDI den Zulieferern effektiver bearbeitet werden. Bei etwa virtuellen Kaufzentren (virtual Malls), die Produkte mehrerer Hersteller anbieten, bietet sich ein EDI-System an, um die Hersteller über eingegangene Aufträge zu informieren.

3.4 Transaktionsintegration von Standardsoftware versus gewöhnliche Merchant-Systeme

Wozu das SAP-System in das Internet integrieren, wenn es schon einige ausgetüftelte Merchant-Systeme gibt, die speziell für das Anbieten und Verkaufen im Internet entwickelt wurden? Schließlich bieten solche Merchant-Systeme neben den üblichen Angebots- und Bestellmöglichkeiten auch Möglichkeiten zur Bezahlung über das Internet, Integration von Werbeaktionen oder etwa das Anlegen und Analysieren von Benutzerprofilen. Bevor diese Frage beantwortet werden kann, muß zunächst einmal geklärt werden, was ein Unternehmen mit einem Internet-Auftritt bezwecken möchte. Will es das Internet nur als Schaukasten bzw. Produktkatalog benutzen oder sollen auch Produkte verkauft und vertrieben werden? Ist es unter Umständen sogar interessiert Support-, Service- und Logistikinformationen für Kunden anzubieten? Die zuletzt genannten Anwendungsbereiche nehmen viel mehr Interaktion und eine höhere Integration der verwendeten Systeme in Anspruch, als Interessenten mit einfachen Informationen, wie zum Beispiel mit Datenblättern oder aktuellen Firmennachrichten, zu versorgen. Aber gerade die in Kapitel II angesprochene Möglichkeit einer engeren Kundenbeziehung und -Pflege macht es nötig, eine effiziente Logistik und Softwareintegration derart zu haben, daß die Bestellabwicklung und Auskunftmöglichkeit so schnell und komfortabel abläuft wie nur möglich.

Man kann zwar bereits heute diverse Produkte über das Internet bestellen, aber es gibt im allgemeinen keine Möglichkeit, den Auftragsstatus, die verbleibende Lieferzeit oder Qualitätszeugnisse zu einzelnen Chargen und Lieferungen abzufragen, weil die vom Anbieter eingesetzten Merchant-Systeme in der Regel nicht in die Internet-Anwendungen integriert sind. Die im Internet angebotenen Prozesse müssen eng verwoben sein mit den betrieblichen Informations- und Abwicklungsystemen, da erst dann der gewünschte hohe Grad an Aktualität und das elektronische Abbilden von Individualinformationen erreicht wird. An Stelle des einfachen Zugriffs auf Datenbanken oder Tabelleninhalte können mittels R/3 jegliche Geschäftsprozesse automatisch integrale und aktuelle Bestandteile der R/3 verbundenen Webseite werden[107]. Ein Beispiel macht dies deutlicher: Es macht einen enormen Unterschied, ob eine Bestellung automatisch von der Aufgabe im Internet an das entsprechende Logistik Modul weitergegeben wird, oder, ob ein Angestellter eines Anbieters persönlich nach bestimmten Zeitabschnitten schaut, ob eine Bestellung beispielsweise per E-Mail eingegangen ist und sie manuell an die Auftragsabwicklung weiterleitet. Sollte der Kunde wissen wollen, wo sich sein Produkt gerade befindet, oder wann es bei ihm ankommen wird, müßte er in einem vollständig transaktionsintegriertem System nichts weiteres unternehmen, als auf der Webseite des Anbieters nach entsprechendem Angebot zu suchen und würde in wenigen Minuten die gewünschte Auskunft erhalten. Damit sind Kunden und Anbieter entlastet, was wiederum bei den heutigen knappen Margen im Verkauf eine weitere entscheidende Rolle spielen kann.

Reine Merchant-Systeme, die nur dafür ausgelegt sind, als virtuelle Warenhäuser zu fungieren, sind in der Regel nicht mit derartigen betrieblichen Geschäftsprozessen verzahnt, wie es mit dem R/3-System möglich ist. Es ist effektiver, die vorhandene Standardsoftware, welche alle betriebswirtschaftlichen Prozesse steuert, durch Schnittstellen an das Internet zu erweitern *(Inside-Out-Prinzip)*, als heterogene Systeme von außen mit den schon vorhanden betrieblichen Komponenten zu verbinden *(Outside-In-Prinzip)*. „Das Internet wird bestehende betriebswirtschaftliche Standardsoftware im Unternehmen nicht ersetzen, sondern -ganz im Gegenteil- den Bedarf für solche Business-Systeme steigern, wobei eine enge Integration mit diesen Systemen eine Grundvoraussetzung für den Erfolg von Internet-Anwendungen ist"[108].

Die Funktionalität der Programme beginnt nicht nur dort, wo der Käufer sich für ein Produkt entschieden hat und seinen Wunsch durch Anklicken des Bestellfeldes an den Browser übermittelt. Wichtige Bedingungen, die neben den herkömmlichen Faktoren für eine effiziente Internetintegration der Geschäftsabläufe beachtet werden müssen, sind die Verlängerung der Workflow-Verarbeitungskette bis auf Kundenebene und die absolute Aktualität und Integrität der Daten zu jeder Zeit. Alle Mitarbeiter können über das Internet auf den integrierten Eingang des SAP Business Workflow, seinen Ausgang, die allgemeinen Mappen sowie auf die durch ihn zu bearbeitenden Workitems zugreifen. Selbst mobile Mitarbeiter sind in den Informations- und Entscheidungsprozeß der Firma eingebunden[109].

---

[107] Rohwer, Peter (1997): Electronic Commerce in integraler Kommunikation, in: Office Management 4/97, S.38
[108] Strack-Zimmermann (1997), S. 36
[109] SAP AG (1997): R/3 3.1, Walldorf, S.30

3.5 Alternative Wege zur Internet-Anbindung von R/3

Das System R/3 bietet einige Schnittstellen, die sich für die unterschiedlichen Anbindungen ans Internet anbieten. Je nach Benutzung verschiedener Schnittstellen ergeben sich drei alternative Wege zur Anbindung von Internet-Anwendungen an R/3. In diesem Zusammenhang werde ich gleich zu Beginn die BAPIs näher erläutern, da sie eine der Hauptkomponenten der neuen Internet-Technologie von SAP darstellen. Wesentlich für die Unterscheidung der Einsatzbereiche ist dabei die Komplexität der gewünschten R/3-Internetanwendung und der damit verbundene Integrationsgrad des SAP-Systems. Während Alternativen zum Internet Transaction Server (→3.5.2 INTERNETZUGANG ÜBER DEN INTERNET-TRANSACTION-SERVER) nur einfachere Internet-Anwendungen addressieren, die nicht unbedingt auf Mechanismen wie Transaktionssicherheit, Zugriffssicherheit und Skalierbarkeit angewiesen sind und diese bei Bedarf selbst implementieren müssen, ist durch den Internet Transaction Server der einzige Ansatz gegeben, der eine umfassende Verwendung des R/3-Systems inklusive dieser Mechanismen bietet[110].

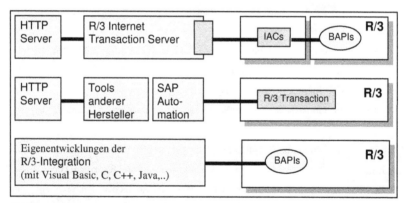

Abbildung 3-1: Alternative Wege zur Internet-Anbindung von R/3

3.5.1 Betriebswirtschaftliche Schnittstellen

Das Business Framework (→3.8 AUSBLICK AUF R/3-SYSTEM RELEASE 4.0) – die offene und komponentenbasierte Architektur, die Interaktion und Integration von Softwarekomponenten der SAP und anderer Hersteller möglich macht, gewinnt mehr und mehr an Bedeutung. *Die SAP-Business-Objekte* sind Kernelemente des Business Framework und Vorbedingung für die

---

[110] Hantusch et al. (1997), S. 88

Interoperabilität und decken eine breite Palette von betriebswirtschaftlichen R/3-Prozessen ab. Der Zugriff auf die SAP-Business-Objekte erfolgt *über BAPIs (Business Application Programming Interfaces)*, welche stabile und standardisierte Methoden der Business-Objekte sind. Die SAP-Business-Objekte und ihre BAPIs bieten eine objektorientierte Sicht der betriebswirtschaftlichen Funktionalität des Systems R/3 und realisieren damit Polymorphie, Vererbung, Kapselung und das Prinzip der späten Bindung. Seit R/3 Release 3.1 existieren für Kunden und Fremdanbieter über 150 BAPIs und ermöglichen die Integration ihrer Softwarekomponenten mit dem System R/3 und dem Business Framework[111]. Die auf BAPIs basierende Technologie, von SAP auch unter den Namen ALE/WEB zusammengefaßt, ermöglicht eine schnelle und einfache Integration der R/3-Business-Logik.

3.5.1.1 Business Object Repository

Das *Business Object Repository (BOR)* war erstmals Bestandteil des R/3-Repository in der Release 3.0 und stellt betriebswirtschaftliche Daten, Transaktionen, und Ereignisse im System R/3 als integrierte Menge von SAP-Business-Objekten dar[112]. Alle SAP-Business-Objekte sind in Objektmodellen miteinander verknüpft und über das BOR zugänglich, wobei das BOR dem Anwender eine objektorientierte Sichtweise auf die R/3-Funktionalität gibt.

3.5.1.2 SAP-Business-Objekte

Die Business-Objekt-Technologie und -Programmierung basiert auf dem Konzept der *Business-Objekte (BO)*. Reale Objekte, wie z. B. ein Mitarbeiter oder ein Kundenauftrag, werden im System R/3 als Business-Objekte abgebildet, welche man sich als "black boxes" vorstellen kann, die R/3-Daten und Geschäftsprozesse kapseln und auf diese Weise die Struktur- und Implementierungsdetails der zugrundeliegenden Daten verbergen[113]. Die SAP-Business-Objekte sind als Entitäten aus mehreren Schichten konzipiert, um die Kapselung zu erzielen. Dabei enthält der Kern die zentrale betriebswirtschaftliche Logik und damit die eigentlichen Daten des Objekts. Die zweite Ebene besteht aus sogenannten Constraints (Einschränkungen) und Geschäftsregeln, um die Integrität zu erreichen. Eine dritte Schicht enthält die Methoden (BAPIs), Attribute, Input-Ereigniskontrolle und Output-Ereignisse, während schließlich die vierte Schicht den externen Zugriff mit SAP-RFC, Microsoft´s COM/DCOM (Component Object Model/Distributed Component Object Model) bzw.

---

[111] SAP AG (1997): BAPIs Einführung und Überblick, Informationshandbuch, Walldorf, S.2
[112] SAP AG(1997): R/3 3.1, Walldorf, S. 19

ActiveX, oder CORBA (Common Object Request Broker Architecture) ab Version 4.0[114] der Object Management Group (OMG) auf die Objektdaten möglich macht[115]. Auf dieser Grundlage ist eine nahtlose Benutzung von BAPIs, aus z.b. einem Excel-Programm heraus, möglich und es können eigene Internet-Anwendungen erstellt werden, ohne den Internet Transaction Server von SAP benutzen zu müssen. Für eigenständige Internet-Anwendungen ist es erforderlich, ihre eigenen Mechanismen zu implementieren, um die Durchgängigkeit der Transaktionen, die Sicherheit und die Skalierbarkeit sicherzustellen. Dies kann in derjenigen Programmiersprache durchgeführt werden, die den Bedürfnissen des Kunden am besten entsprechen. Damit sind ABAP/4-Kenntisse nicht mehr zwingend erforderlich, denn die Sprachen Java, C/C++ und Visual Basic können den Anforderungen entsprechend Anwendung finden[116].

Wenn Client-Anwendungen in einer Windows 95- oder Windows NT-Entwicklungsumgebung entwickelt werden, kann die seit R/3 Release 3.1G verfügbare BAPI ActiveX Control für den Aufruf von BAPIs aus dem Anwendungsprogramm verwenden werden. Sie arbeitet als OLE (Object Link Enabling) Automation-Server, indem sie die SAP-Business-Objekte im BOR als OLE-Objekte verfügbar macht, die in Anwendungsprogramme integriert werden können. Während der Laufzeit greift dann die Client-Anwendung auf die SAP-Business-Objekte und ihre BAPIs zu, indem sie OLE Automation-Anforderungen an die BAPI ActiveX Control übergibt[117]. Bei Nicht-Windows-Plattformen, die keinen direkten, objektorientierten Zugriff auf die SAP-Business-Objekte anbieten, kann auf ein BAPI zugegriffen werden, indem Remote Function Calls (RFCs) an Funktionsbausteine übergeben werden, auf dem das BAPI basiert[118].

3.5.1.3 Business Application Programming Interfaces

Ein *Business Application Programming Interface (BAPI)* ist als Methode eines SAP-Business-Objekts definiert. Der externe Zugriff auf Daten und Prozesse der Business-Objekte ist nur mit Hilfe der BAPIs-Objekttyp "Material" ein BAPI namens *BAPI_Material_CheckAvailability* zur Verfügung. Damit ein Anwendungsprogramm eine

---

[113] SAP AG (1997): BAPIs, S.5
[114] Computer Zeitung (1997): Die große Schnittstellenvielfalt bei R/3 bietet für jedes Problem eine Lösung, Ausgabe Nr. 44, 30.10.97, S. 14
[115] SAP AG (1997): R/3 3.1, S.18
[116] SAP AG (1997): R/3 3.1, S.16
[117] SAP AG(1997): BAPIs, S. 12

BAPI-Methode verwenden kann, muß nur das Wissen vorliegen, wie die Methode aufzurufen ist, wozu das Anwendungsprogramm aber wiederum die Schnittstellendefinition der Methode kennen muß[119]. Für die Benennung der BAPIs gilt die Konvention, daß sie ausschließlich mit englischen Namen zu versehen sind und der Form BAPI_<Objektname>_<Methodenname> entsprechen müssen[120]. Darüber hinaus ist jedes BAPI für die Konsistenz der Datenbank verantwortlich, wenn es eine Instanz eines Objekts erstellt oder die Daten eines Objekts verändert; also nicht nur lesend, sondern auch schreibend ist. Ein BAPI bildet eine logische Arbeitseinheit, bei der alle Datenbankänderungen vollständig oder überhaupt nicht ausgeführt werden[121].

Ein BAPI ist ein RFC-fähiger Funktionsbaustein, wobei er sich von anderen Funktionsbausteinen in überwiegend vier Auszeichnungen unterscheidet[122]:

- Der Funktionsumfang, der in der Regel genau einen Geschäftsvorfall umfaßt, ist fest definiert.

- Es besteht eine fest definiert Schnittstelle der Input/Output Parameter.

- Die Schnittstelle bleibt von SAP über mehrere Versionswechsel hinweg unverändert und alleine SAP ist für die Entwicklung, Implementierung und Pflege der standardisierten BAPIs zuständig.

- Der Baustein ist funktionsorientiert und gewöhnlich zustandslos. Jedes BAPI ist funktional unabhängig, erfüllt exakt eine Aufgabe und stellt eine unteilbare Einheit eines Geschäftsvorfalls dar.

Auch für *Application Link Enabling (ALE)* spielen BAPIs eine große Rolle, denn ab der R/3-Version 4.0 benutzt ALE nur noch BAPIs, um Verteilungsszenarien zu realisieren[123]. Während jedoch BAPIs ausschließlich synchron abgearbeitet werden, kann dies bei ALE-Messages asynchron geschehen. Zwar drohen bei der asynchronen Verarbeitung Datenbestände inkonsistent zu werden, jedoch begründet Peter Zencke von SAP die asynchrone Eigenschaft der ALE damit, daß sich eine „hundertprozentige Synchronisierung

---

[118] SAP AG(1997): BAPIs, S. 13
[119] SAP AG(1997): BAPIs, S.8
[120] Hantusch et al. (1997), S.113
[121] SAP AG(1997): BAPIs, S.16
[122] Hantusch et al. (1997), S.113
[123] Computer Zeitung (1997): Schnittstellenvielfalt, S. 14

in einem replizierten System nicht mehr gewährleisten läßt und Ausnahmen für Fehlerbehandlungen entwickelt werden müssen", damit kleine Probleme nicht ganze Prozesse stoppen[124]. Schließlich sei es nicht mehr zeitgemäß, daß eine hohe Integration eines Systems die Endanwender einschränke.

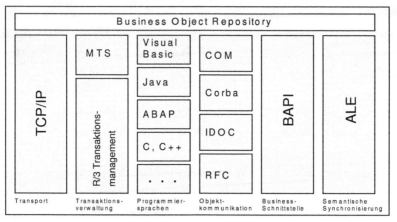

Abbildung 3-2: Schnittstellen zum R/3-System

Weil die BAPIs einen offenen Standard für Business Systeme und einen Standard für Business Computing darstellen, sowie in verschiedensten Entwicklungsumgebungen Verwendung finden sollen, wurde das Konzept der BAPIs bei der Internet Engineering Task Force (IETF) und bei der Open Application Group (OAG) eingebracht[125]. Da laufend neue BAPIs dazukommen, würde es wenig Sinn machen, eine Liste aller BAPIs zu erstellen. Hierzu sei auf die SAP-Homepage[126] verwiesen, wo stets eine aktuelle Online-Liste aller SAP-Business Objects und den dazugehörigen BAPIs zu finden ist.

3.5.2 Internetzugang über den Internet-Transaction-Server

Die erste Möglichkeit der R/3-Anbindung an das Internet ermöglicht der mit Release 3.1 ausgelieferte *Internet-Transaction-Server (ITS)*. Der ITS nimmt über den SAPGUI-Kommunikationskanal die Verbindung zu einem R/3-Applikationsserver auf und simuliert gegenüber diesem den erwarteten SAPGUI, wobei der ITS gleichzeitig als Gateway zur

---

[124] Computer Zeitung (1997): Interview mit Peter Zencke der SAP AG, Ausgabe Nr. 44, 30.10.97, S. 14
[125] Hantusch et al. (1997), S.114f
[126] http://www.sap-ag.de

Umsetzung von HTML dient und ebenso die Schnittstelle zum Webserver darstellt[127]. Der ITS stellt nicht nur das technische Bindeglied zwischen dem Webserver und dem R/3-Kernsystem dar. SAP bietet mit dem ITS auch internetspezifische Prozesse in Form von voreingestellten Komponenten an, die die fehlende Prozeßfunktionalität der BAPIs beinhalten. Diese von SAP bezeichneten Internet Application Components werden in Unterkapitel 3.6 Die Internet Application Components noch ausführlich erläutert.

Eine wichtige technische Modifikation der klassischen Client/Server-Struktur des R/3-Systems ist dadurch gegeben, daß der ITS das System um eine *vierte Schicht* erweitert, was zu einer mehrschichtigen Architektur führt, die die im Internet notwendige Skalierbarkeit, Transaktions- und Zugriffssicherheit bietet und für die Verarbeitung von vielen, gleichzeitigen Internet-Transaktionen ausgelegt ist. Durch die Trennung der Anwendungslogik der Geschäftsprozesse von der Implementierungslogik des World Wide Web wird die hohe Integrationswirkung des Systems R/3 weiter gefördert.

Die Anwendungslogik verbleibt im System R/3, wodurch gewährleistet ist, daß die Gestaltung der Internet-Seite unhabhängig von der Anwendungslogik -welche in ABAP/4 unter Verwendung von Dynpros programmiert ist- geändert werden kann. Indes ist zu untersuchen, ob es sinnvoll ist, das betriebswirtschaftliche System mit Multimediadaten zu belasten oder diese in speziellen Multimedia-Datenbanken zu halten[128]. Die Internet-Anbindung von R/3 mit Hilfe des ITS realisiert aus dem geschlossenen System heraus den Zugang von außen und ist darum ein *Inside-Out-Ansatz*, wobei die Kontrolle stets das System selbst behält[129]. Der ITS kümmert sich um das gesamte Sitzungsmanagement also auch um das damit verbundene Login Management und versorgt den Anfragenden mit HTML-Seiten, welche auf der Basis bereits vorhandener HTML-Templates generiert werden.

3.5.2.1 HTML-Business und HTML-Templates

Diese HTML-Templates bestimmen in großem Maße das spätere Erscheinungsbild auf der Präsentation beim Client. Sie sind einerseits als gewöhnliche HTML-Dateien zu schreiben, aber andererseits mit einem SAP-spezifischen, speziell zugeschnittenen Erweiterungsbefehlssatz (*HTML-Business*) in der Art erweitert, daß der ITS die notwendigen

[127] Hantusch et al. (1997), S. 87
[128] Becüwe, Dietmar/Steiner, Marcus/Kroh, Jörg (1997): Wohin die R/eise geht, in: Online 1/97, S. 27
[129] Hantusch et al. (1997), S 91

Anweisungen daraus ableiten kann. Die Aufgabe des HTML-Business ist das dynamische Einbinden von Steueranweisungen für den ITS in ein vorbereitetes HTML-Template. Diese HTML-Business spezifischen Meta-Ausdrücke werden vor der Übergabe der HTML-Seite an den Webserver durch echten HTML-Quelltext ersetzt. Es existieren fünf Gruppen von Meta-HTML-Ausdrücken[130].

- *Feldersetzungen und Feldattribute* stellen die einfachste Form von HTML-Meta-Audrücken dar und regeln sowohl die Datenübertragung von Dynpro-Werten in die HTML-Seite, als auch das Einmischen der vom Browser gelieferten Daten in die Eingabefelder des Dynpros.

- *Funktionen* ermöglichen das Schreiben von Templates, die unabhängig von der jeweiligen Konfiguration des ITS arbeiten. Grundlage der Funktionen sind enthaltene Parameter und hart kodierte URLs bzw. Pfadnamen zu benötigten Dateien.

- *Schleifen* erledigen das mehrfache Ersetzen bei der Verarbeitung von mehrwertigen Feldern wie etwa interne Tabellen.

- *Bedingte Ersetzungen* können je nach Inhalt eines Feldes alternative Links benutzen lassen, Leerfelder unterdrücken oder die Anordnung der Felder auf der Bildschirmoberfläche verändern.

- *Ausdrücke und Bedingungsoperatoren*, die analog zu der Programmiersprache C sind, erweitern wiederum die Möglichkeiten der Templates.

Es ist sinnvoll, auf WWW-Seiten unterschiedliche Sprachen anzubieten, denn es ist nicht immer davon auszugehen, daß alle Benutzer des World Wide Webs mit der Weltsprache Englisch vertraut sind. In der heutigen Servicewelt ist es darüber hinaus selbstverständlich, die Kommunikation nicht nur technisch, sondern auch semantisch zu vereinfachen. Die *Sprachunabhängigkeit* von Texten kann mit dem ITS durch drei unterschiedliche Template-Ansätze erreicht werden.

Einerseits werden gar keine Texte in den HTML-Templates verwendet und man verwendet ausschließlich Platzhalter für die im Dynpro verwendeten Felder. Die benötigten Texte zum Füllen der Platzhalter werden aus dem R/3-System selbst eingelesen und werden zentral dort auch gepflegt. Ein zweiter Ansatz wird vom Webstudio bei der Erstellung von IACs aktiv

---

[130] Hantusch et al. (1997), S.252ff

unterstützt und benutzt ebenso Platzhalter, aber die Textelemente werden nicht aus dem R/3-System, sondern aus Sprachressourcedateien entnommen, wobei für jede Sprache eine eigene Sprachressourcedatei angelegt wird. Die dritte Variante hebt sich insofern von den zwei ersten ab, als daß in die jeweiligen HTML-Templates Texte unterschiedlicher Sprachen fest eingegeben werden. Bei Verwendung mehrerer Sprachen werden unterschiedliche Templates mit unterschiedlichen Namen benutzt, die sich ausschließlich durch ihre Sprache unterscheiden, jedoch vom Syntax gleich sind und keine Platzhalter benötigen. Daneben unterstützt der ITS auch National Language Support (NLS) zur Verarbeitung und Darstellung verschiedenartiger Zeichensätze, indem das Multi-Byte-Character-Set (MBCS) und UNICODE für jegliche Seiten benutzt werden[131].

Die Templates erlauben es im Gegensatz zu den bisherigen Dynpro-Masken des SAPGUI, das Aussehen der Präsentation nach individuellen Wünschen oder gemäß vorgegebener Firmenspezifika getrennt vom R/3-System zu verändern. Dabei geht es auch um den unterschiedlichen Umfang der Ein- und Ausgabemöglichkeiten von Internet Application Components. Grafisch werden ebenfalls Multiframe-Anwendungen unterstützt, wobei es eine spezielle Programmiertechnik bedarf, damit der ITS in der Lage ist, die HTML-Templates mit den entsprechenden Frames zu verbinden[132].

3.5.2.2 Das Web-Gate und das Application-Gate

Während ich im Text schon die grobe Funktion des ITS angesprochen habe, lege ich nun seinen technischen Aufbau dar, damit in den folgenden zwei Unterkapiteln ein besseres Verständnis zu Grunde liegt. Der ITS kann in zwei elementare Softwarekomponenten zerlegt werden, welche über TCP/IP miteinander kommunizieren. Dem R/3-System am nächsten steht das *Application-Gate (AGate)*, das mit der Verwendung des RFC- bzw. DIAG-Protokolls (Dynamisches Informations- und Aktions-Gateway) die gleiche Kommunikationsart verwendet wie ein gewöhnlicher SAPGUI zu einem Anwendungsserver. Dadurch ist ein gleiches Zugriffsspektrum zu R/3 gewährleistet, wie es bei einer gewöhnlichen dreischichtigen Client/Server-Struktur mit einem SAPGUI-Frontend möglich ist. Die Verbindung des AGates mit dem webserver erledigt das *Web-Gate (WGate)* und wird

---

[131] Hantusch et al. (1997), S. 104
[132] Hantusch et al. (1997), S. 107f

ausschließlich zur Laufzeit vom webserver als Erweiterungmodul geladen, damit die Performance des Systems nicht unnötig reduziert wird[133].

Das WGate wird von SAP standardmäßig für ISAPI (Microsoft Information-Server-API) und NSAPI (Netscape-Server-API) ausgeliefert, aber kann auch von übrigen Herstellern für unterschiedliche Web-Server-Software problemlos ausgetauscht werden. Aufbereitete HTML-Seiten können so aus dem System zu dem webserver weitergeleitet werden, damit es von dort schließlich zum Endbenutzer gesendet wird. Neben der API-Schnittstelle bereitet das WGate auch vom Endbenutzer über den webserver hereinkommende Eingabedaten in eine Datenstruktur um, die zur Kommunikation mit dem AGate benötigt wird. Das als Dynamic Link Library (DLL) realisierte WGate leistet so den bidirektionalen Datenaustausch[134].

Weil das WGate nur das Bindeglied zwischen webserver und den eigentlichen Anwendungen darstellt, hat das AGate ein größeres Aufgabenfeld, weshalb es multithreadfähig verwirklicht wurde. Diese Hauptkomponente des ITS beinhaltet einen Dispatcher („Verteiler"), der die unterschiedlichen Tasks steuert und an die Work-Prozesse weitergibt. Die vom AGate zu erfüllende Aufgaben neben der angesprochenen Schnittstellenfunktion sind[135]:

- Login Management, um den Anmeldevorgang eines Benutzers zu ermöglichen.
- Session Management um die Transaktionsklammer bis in den Web-Browser zu legen. Technisch ist dies möglich, indem zu Beginn einer jeden ITS-Situng vom AGate ein Cookie an den Web-Browser gesendet wird, welcher nötig ist, um dazwischen unterbrochene Sitzungen wiederzuerkennen. Der verwendete Cookie wird nur solange in dem Speicher des Clients gehalten, solange der Web-Browser benutzt wird. Bei Verlust des Cookies wird die Identifikation des Clients und je Session gelöscht, was eine erneute Systemanmeldung notwendig macht. Falls ein Benutzer eine Session nicht unterbricht, aber trotz nicht tätigenden Benutzeraktionen auch nicht beendet, regelt der Timeout-Sicherheitsmechanismus das automatische Beenden einer Sitzung. Der ITS zeichnet jeden aktuellen Schritt innerhalb von IACs mitsamt der dazugehörigen URL des verbundenen Clients auf und kann dadurch stets die aktuelle Browser-Seite zum gegenwärtigen Transaktionsschritt liefern.

---

[133] Hantusch et al. (1997), S. 100
[134] Hantusch et al. (1997), S. 100f
[135] Hantusch et al. (1997), S. 101

- Servicemanagement, um die Verzeichnisstruktur aller für die Internet Application Components benötigten Daten zu definieren und bei Anfordern bestimmter Services das Aufrufen der IACs zu ermöglichen. Um etwa den Produktkatalog abzurufen, muß vom Browser des Clients eine URL-Anfrage über den Webserver an das WGate gemacht werden (z.B. http://www.beispielserver.com/sriptswgate.dll?Service=PCT), welche an das AGate weitergeleitet wird, damit die zugehörige Servicedatei PCT.srvc abgerufen werden kann.

- Das Interpretieren der aus dem R/3-System kommenden Daten in HTML-Format und umgekehrt.

- Server-Side Caching, um oft benötigte Servicedaten, Templates oder Threads nicht immer erst von Datenträgern lesen zu müssen und um damit die Antwortzeit des ITS zu verringern.

- Verwaltung aller Teilaufgaben des AGate´s.

Die ALE/Weblösung läßt viele Varianten zu, um das System entsprechend unterschiedlicher Benutzerzahlen zu skalieren, da ein AGate-Prozeß mehrere R/3-Systeme ansprechen und gleichzeitig von mehreren Web-Serven angesprochen werden kann. Das bewährte Sizing-Verfahren auf der R/3-Seite wird von der ALE/WEB-Technologie unberührt gelassen und auf der ITS-Seite ist es möglich, unterschiedliche Hardware-Varianten zu benutzen, wenngleich erst noch Erfahrungen mit der neuen Technologie gemacht werden müssen. Zu erwähnen ist außerdem, daß zwischen dem AGate und dem R/3-Anwendungsrechner das übliche R/3-Load-Balancing implementiert ist[136].

3.5.3 Integration der Sicherheitskonzepte

Die Lastverteilung ist nicht der einzige Grund, warum man die erläuterten Komponenten auf getrennten Rechnern laufen lassen sollte. Durch die Verteilung bestehen mehr Möglichkeiten, sogenannte *Firewalls* zwischen die einzelnen Elemente zu installieren, die spezielle Schutzmechanismen besitzen und festlegen, wer Zugang zum System haben soll und dadurch unzulässige Zugänge auf das unternehmensinterne Netz verhindern können. Im Falle, das R/3-System an das Internet anzubinden, gibt es die Möglichkeiten vier Firewalls einzusetzen.

---

[136] Hantusch et al. (1997), S. 110

Die am üblichsten eingesetzte, erste Firewall wird zwischen dem Internet und dem webserver gesetzt, um Benutzeranfragen aus dem Internet nur auf einen festgesetzten HTTP-Port des Webservers zuzulassen. Dies ist die minimalste Sicherheitsvorkehrung und läßt zudem Kontrollen zu, ob und welche Anfragen bei dem Webserver getätigt wurden. Darüber hinaus können die abgerufenen HTML-Seiten, die IP-Adresse des Clients und die Zugriffshäufigkeit registriert werden. Bei kritischen und wertvollen Daten auf dem R/3-System sind weitere Firewalls im lokalen Netzwerk anzuraten. Empfehlenswert ist dabei eine Firewall zwischen dem AGate und dem WGate, wenn die zwei ITS-Bestandteile nicht beide auf dem Webserver laufen, so daß der Durchlaß von Daten nur auf den AGate-Port konfiguriert werden kann. Eine dritte Firewall könnte wiederum den Datenaustausch zwischen dem ITS und dem R/3-System begrenzen. Die nochmalige Verbesserung des Sicherheitssystems mit Hilfe von Firewalls kann durch eine weitere, vierte Firewall erreicht werden. Bei dieser Möglichkeit werden alle Internet Application Components auf einem vom R/3-System getrennten Rechner laufen gelassen. Sinnvoll ist diese Modifikation nicht nur, um die vierte Firewall zwischen den IAC-Rechner und dem R/3-Kernanwendungsrechner zu installieren, sondern auch, um das R/3-Kernsystem bei unvorhersehbar starker Benutzung des Systems aus dem Internet vor einer mögliche Überbelastung zu schützen[137].

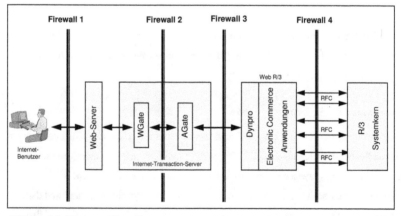

Abbildung 3-3: Einsatz von Firewalls

Neben der Authentisierung und Zugriffsbegrenzung spielen aber noch, wie in Kapitel II beschrieben, andere Sicherheitsmaßnahmen eine wichtige Rolle. Es geht dabei um die

---

[137] Hantusch et al. (1997), S. 108f

Integrität und Vertraulichkeit der Daten, sowie um Transaktionssicherheit. Die Transaktionssicherheits- und Integritätsprüfung übernimmt der ITS, welcher bei beispielsweise Betätigen der *Back*taste oder plötzlichem Abbruch mit Hilfe der *Rollback*-Funktion eine ordnungsgemäße Rückführung von korrupten Systemzuständen erzeugt. Bei der Vertraulichkeit von Daten wie es bei der Übermittlung von Kreditkartennummern bei Einkäufen über das Internet erforderlich ist, unterstützt SAP das Sicherheitsprotokoll SSL und in der Version 4.0 auch SET[138]. Die eigentlich schon für Version 3.1 geplante Einbindung des SET-Standards[139] kann jedoch alternativ auch durch Verwendung von Software von Drittanbietern wie etwa mit dem weit verbreiteten Lotus Notes/Domino realisiert werden, so daß neue integrierte Electronic Commerce-Lösungen ermöglicht werden[140].

Als Ergänzung sei noch eine Sicherheitsmöglichkeit erwähnt, die sich bei Benutzung des SAPGUI über ein verteiltes Netz, auch über das TCP/IP, anbietet. Zwar entsteht durch den Einsatz des Web-Browsers die Möglichkeit der Komplexitätsreduzierung der SAPGUI-Oberfläche und eine komfortable und multimediale Darstellung, jedoch gibt es immer noch einige Benutzer, die die bisherige SAPGUI-Oberfläche bevorzugen. Neben dem herkömmlichen SAPGUI, für den von SAP spätestens ab dem Jahr 2000 nicht mehr Macintosh, OS/2 und Unix Motif als Präsentationsoberfläche anbietet, gibt SAP als Ersatz den neuen plattformunabhängigen Java-SAPGUI heraus. Diese benötigt einen GUI-Server, der aber wiederum ausschließlich auf Windows NT, Sun Solaris und IBM AIX läuft[141]. Für den SAPGUI hat die Firma iXOS den SecGUI auf den Markt gebracht, der ähnlich wie bei SSL alle ausgetauschten Daten zwischen dem GUI-Server und dem SAPGUI des Anwenders jeweils ver- und entschlüsselt. Der SecGUI arbeitet für R/3 transparent wie ein Router und wird jeweils vor den SAPGUI der Anwender und vor dem GUI-Server plaziert[142].

3.6 Die Internet Application Components

Die schon oftmals angesprochenen *Internet Application Components (IACs)* ermöglichen die Web-Anwendungslogik, welche die gesamte Internet-Präsentation und -abwicklung steuern. SAP liefert in ihrer R/3-Version 3.1 bereits einige fertige IACs aus, die vor allem durch die

---

[138] Hantusch et al. (1997), S. 110
[139] SAP AG (1997): R/3 3.1, S. 21
[140] Frau Nowak (1997): Interview im IBM-Lotus/SAP Competence Center, Walldorf; 17.11.97; vgl. auch: Lotus Development GmbH (1997): Lotus/SAP - Transforming Your Data into Success, Informationsbroschüre, Walldorf
[141] Computer Woche (1997): SAP zwingt User zu Microsoft-Systemen, Ausgabe Nr. 45, 6.11.97

Trennung der Anwendungslogik von der Darstellung, mit nur wenig Aufwand customized und für Internet-Präsenz verwendet werden können[143]. Damit ist die Möglichkeit gegeben, anstatt für die Transaktionslogik viel Zeit zu opfern, sich mehr den Aufgaben der grafischen Gestaltung und dem Ablauf- bzw. dem Verhaltensschema widmen zu können, damit den späteren Kunden und Geschäftspartnern eine komfortable und einladende Benutzung angeboten wird. Es geht ja nicht nur darum, Geschäftsprozesse zu optimieren, sondern hauptsächlich im Consumer-to-Business-Bereich, dem Kunden ein attraktives Ambiente zu verschaffen, damit diese Interesse bekommen und gleichzeitig das Gefühl erhalten, problemlos und bequem über das R/3-System Aufträge zu tätigen. Der grundsätzliche Nutzen des Einsatzes von IACs im Gegensatz zu bisherigen ABAP/4-Anwendungen ist es, neuen und auch unerfahrenen Benutzern den Umgang mit dem komplexen R/3-System zu ermöglichen, die Geschäftsvorfälle transparenter darzustellen und die Sachbearbeiter im Unternehmen zu entlasten. Anstatt einen Sachbearbeiter gängige Geschäftsvorfälle ausführen zu lassen, wird diese Aufgabe dem Kollegen, Geschäftspartner oder Kunden übertragen.

Technisch sind die IACs teils durch ABAP/4-Programme und teils durch BAPIs realisiert. Weil BAPIs nur einzelne Geschäftsvorfälle abwickeln können, ist eine Anwendungslogik erforderlich, die den Transaktionsablauf steuert und die benötigten BAPIs in der erforderlichen Reihenfolge dirigiert[144]. Für besondere und multimediale Effekte oder Anwendungen werden neben dem HTML-Standard alle verfügbaren Erweiterungen wie Java, JavaSript, Active X oder Plug-ins unterstützt[145]. Darüber hinaus sind Anwender keineswegs nur auf die von SAP ausgelieferten IACs beschränkt, sondern können individuelle Webanwendungen mit nach eigenen Bedürfnissen entwerfen oder erweitern, wozu eigens die Anwendung *SAP@Web* angeboten wird. Hier bietet sich die Chance für unabhängige Softwareunternehmen, schlüsselfertige Electronic-Commerce-Anwendungen nach Bedürfnissen der verschiedensten Branchen zu programmieren, da die bisher mitgelieferten IACs eigentlich erst den Anfang aller Möglichkeiten darstellen. So werden von SAP schon bald die bestehenden IACs durch weitere ergänzt, die Reisekostenabrechnung, Zeiterfassung oder Event-Management über TCP/IP möglich machen[146]. An Web-Transaktionen sind jedoch Einschränkungen im Gegensatz zu bisherigen SAPGUI-Transaktionen geknüpft. Es

---

[142] Hantusch et al. (1997), S. 96
[143] Strack-Zimmermann (1997), S. 39
[144] Hantusch et al. (1997), S. 111
[145] Strack-Zimmermann (1997), S. 39
[146] Hantusch et al. (1997) S. 170

gibt keine Unterstützung der F1/F4-Hilfefunktionen, keine Unterstützung von Matchcodes, keine Popups für Fehlermeldungen, Warnungen etc. und zudem wird die Menüleiste der Dynpromaske nicht in die IAC-Anwendung übertragen[147]. Teilweise können diese Funktionen simuliert werden, aber im Großen und Ganzen hat das Fehlen der Funktionen zur Folge, daß seither verwendete R/3-Transaktionen für Internet-Anwendungen überhaupt nicht nutzbar sind und nur eigens für diesen Zweck geschriebene IACs für WebanwendUngen verwendet werden können.

Um einen Eindruck der Möglichkeiten von IACs zu ermöglichen, beschreibe ich die bisher von SAP angebotenen IACs[148], welche sich in Business-to-Consumer, Business-to-Business und Intranet-Anwendungen einteilen lassen. Die Business-to-Consumer- und Business-to-Business-Anwendungen sind nicht nur für den Einsatz in web-fähigen Transaktionen zwingend, dahingegen sind die Intranet-Anwendungen in erster Linie nur für eigene Mitarbeiter eines Unternehmens gedacht. Da für Electronic-Commerce theoretisch aber auch Intranet-Anwendungen eingesetzt oder modifiziert werden können, werde ich die Intranet-IACs in komprimierter Form mitauflisten. Zu jeder Internet Application Component, welche ich durch Hochkommata kennzeichne, werde ich in Klammern deren verwendetes R/3-Modul angeben.

3.6.1 Consumer-to-Business-Anwendungen

Um im Consumer-to-Business-Bereich erfolgreich zu sein, müssen Internet-Anwendungen grafisch ansprechend sein, eine übersichtliche Gestaltung des Ablaufes und eine einfache und intuitive Bedienung bieten. Keine dieser Punkte darf bei der Erstellung von IACs und deren späteren Implementierung vernachlässigt werden. Zusätzlich zu den betriebswirtschaftlichen Anwendungen sollte stets die Möglichkeit gegeben sein, Fragen in Form von E-Mails an die zuständigen Sachbearbeiter zu schicken. Darum sollten klare Hinweise auf diese Möglichkeit und auf allgemeine Informationsseiten für etwa oft vorkommende Fragen (FAQ) vorhanden sein.

- „Product Catalog" (MM) ermöglicht die Anzeige des Produktkataloges für entweder reine Werbezwecke oder, um weitergehende Akquisitionsschritte einzuleiten. Der Katalog

---

[147] Hantusch et al. (1997), S. 116

kommt ohne Texteingaben aus und bietet neben einer Suchmaschine auch die Möglichkeit, beliebige Grafiken und Texte einzubinden.

- *„Order here!"* *(SD)* ist die wichtigste Anwendung im Consumer-to-Business-Bereich, da hier die Möglichkeit gegeben wird, einen virtuellen Einkaufskorb mit unterschiedlichen Produkten zu füllen, dessen Inhalt zu bestellen und darüber hinaus Liefertermine abzufragen.

- Mit *„Track your Order"* *(SD)* kann der Status bereits getätigter Bestellungen ausfindig gemacht werden. Daraus kann der Kunde erkennen, ob und welche Produkte in welcher Menge bestellt sind und wann diese geliefert werden.

- Die Internet-Application-Komponenten *„Employment Opportunities"* *(HR)*, welche zur Stellenvermittlung entworfen wurde, und *„Track your Application"* *(HR)*, um den Status einer getätigten Bewerbung zu erfahren, können erhebliche Erleichterung für große Unternehmen und Konzerne bei der Suche nach neuen Mitarbeitern bringen. Nicht nur Unternehmen können diese Art von Personalsuche nutzen, auch Bewerber wissen ständig aktuell, welche Stellenausschreibungen es gibt und wie der momentane Status ihrer Bewerbung aussieht. Der Arbeitsmarkt, dessen Güter das Humankapital ist, zählt genauso zum Electronic Commerce wie alle anderen Märkte, bei denen es um Transaktionen zwischen Unternehmen und Konsumenten geht. R/3 unterstützt die Personalbeschaffung durch die weltweite, 24-Stunden-Bereitstellung von Informationsmaterial an potentielle Bewerber. Mittels einer Landkarte nach Standorten werden die freien Stellen nach Ort gegliedert und visualisiert.

3.6.2 Consumer-to-Business- und Business-to-Business-Anwendungen

Es werden sechs IACs von SAP angeboten, die alle je nach Einsatzbereich entweder in den Consumer-to-Business-Bereich oder in den Business-to-Business-Bereich fallen. Anzumerken sei, daß bei Business-to-Business-Anwendungen die Optimierung der Geschäftsvorfälle bezüglich Zeit und Komplexität eine der Hauptaufgaben ist. Von einer Firma in die andere übergehende Geschäftsprozesse können mit den hier aufgeführten IACs verbessert werden. Dabei spielt eine große Rolle, daß die zu bearbeitenden Aktivitäten nicht mehr vom heimischen Sachbearbeiter durchgeführt werden müssen, sondern direkt auf die anfragenden Geschäftspartner übertragen werden.

---

[148] vgl. SAP AG (1997): R/3 System Release 3.1G Online Dokumentation, Compact Disc; http://www.sap-ag.de; Hantusch et al. (1997), S. 123ff

- *„Check out what we´ve got!"* *(MM)* ist eine Anwendung zur Verfügbarkeitsabfrage. Dieser IAC unterstützt nicht nur analog zum Produktkatalog die Präsentation von Produktinformationen in Text, Bild und multimedialer Form, sondern informiert Kunden vor allem über die Verfügbarkeit und Liefertermine von Produkten. Dies ist eine nützliche Ergänzung zu dem üblichen Produktkatalog, wenn neue Produkte angeboten werden.

- *„Proven Quality"* *(QM)* macht Kunden eine selbständige Abfrage von Qualitätszeugnissen zu einzelnen Lieferungen oder Chargen möglich. Dieses in der Automobil-, Chemie-, oder Pharmaindustrie übliche Zeugnis bescheinigt die Qualität einer Ware u.a. durch Daten, die bei der Qualitätsprüfung ermittelt worden sind.

- *„Quality Notification"* *(QM)* gestaltet die direkte Eingabe von Qualitätsmeldungen (Reklamationen) vom Netz aus. Beschleunigt wird die Fehlermeldung durch vordefinierte Fehlermeldungen, die dem Kunden ein schnelles Anzeigen und dem liefernden Unternehmen eine zügigere Bearbeitung ermöglicht. Ergänzt wird die Erfassung von Qualitätsmeldungen durch die Möglichkeit, einmal aufgegebene Qualitätsmeldung, analog zur Statusabfrage bei Bestellungen, zu verfolgen und deren Bearbeitungsstatus abzufragen.

- *„At your Service"* *(PM)* ist dafür entworfen worden, um Serviceanfragen schnell abzuwickeln. Bei Problemen von gekauften Produkten, wie es häufig bei Kopierern der Fall ist, kann sich damit ein Kunde unkompliziert an die anbietende Firma des Servicedienstes wenden und gleich die Problembeschreibung, zusammen mit dem Bestelldatum, der Kunden-, und Bestellnummer abschicken. Die Problembeschreibung wird bei dem anbietenden Unternehmen gleichzeitig mit dem dazugehörigen Servicevertrag angezeigt und kann dadurch rasch verarbeitet werden.

- Mit Hilfe von *„Measurement Readings"* *(PM)* kann ein Kunde im Bereich Instandhaltung Zählerstände oder Meßwerte für Objektabnutzung oder verbrauchte Güter (z.B. bei Kopierern, Gaszählern) selbst ablesen und bei sich in den Computer eingeben. Es reduziert sich der Servicedienst des dienstleistenden Unternehmens im Außeneinsatz, was sich durch optimierte und reduzierte Serviceeinsätze deutlich in Kostenersparnissen ausdrücken kann. Ein Nebeneffekt ist zudem, daß Abrechnungen schneller durchzuführen sind.

- *„Update your Records"* *(FI)* ist ein Kundeninformationssystem, welches Kunden und Geschäftspartnern anbietet, auf Daten wie aktuelle Zinssätze, Kontostände, Fakturastatus, oder Gas- und Stromverbrauch zuzugreifen.

3.6.3 Business-to-Business-Anwendungen

Für reine Business-to-Business-Scenarios werden von SAP bisher nur zwei IACs ausgeliefert. Dabei geht es um KANBAN-Beziehungen und um Konsignationsbestände.

- „*The Partners View*" (MM) realisert die Überprüfung von Konsignationsbeständen durch Lieferanten und Kunden. Gerade bei internationalen Geschäftsbeziehungen kann es eine entscheidende Rolle spielen, wie schnell Geschäftspartner an aktuelle Daten herankommen können, um entsprechend weiterplanen zu können. Hierbei geht es vor allem um die Provisions-, Kontrakt- und Lohnbearbeitung, sowie um den Bestand an unfertigen Erzeugnissen, um die Materialbereitstellung, und um die Bearbeitung von Konsignationsbeständen wie Bestandskontrolle oder Auslagerungen.

- „*KANBAN*" (PP) unterstützt die Logistik bei KANBAN-Beziehungen, bei welcher für Zulieferer die Möglichkeit besteht, sich KANBAN-Tafeln anzeigen zu lassen und bei „leeren" Karten, eine Lieferung anzuordnen.

3.6.4 Intranet-Anwendungen

Ein grundlegender Unterschied zu den Consumer-to-Business- und Business-to-Business-Anwendungen besteht bei Intranet-Anwendunegn darin, daß die Benutzer mehr Zugriffs- und erweiterte Anmeldemöglichkeiten haben, was mehr Freiheitsgrade erlaubt.

- „*Requirement Request*" (MM): Anlegen von Bedarfsanforderungen
- „*Requirement Request Status*" (MM): Status einer Bedarfsanforderung
- „*Collective Release of Purchase Requisitions*" (MM): Sammelfreigabe von Bestellanforderungen
- „*Collective Release of Purchase Orders*" (MM): Sammelfreigabe von Einkaufsbelegen
- „*Project System: Confirmation*" (PS): Rückmeldung von Projektdaten im Intranet
- „*Facts and Figures*" (FI, PS): Sofortberichte
- „*Assets Management*" (FI): Anlagenauskunft
- „*On the Road*" (CO): Zuweisen von Aktivitäten
- „*Internal Pricelist*" (CO): Interne Preisliste
- „*Workflow*" (BC): SAPoffice und Workflow-Funktionalität
- „*Workflow Status*" (BC): Workflow-Statusreports

- „Who is Who" (HR): Elektronisches Personalverzeichnis

Für Mitarbeiter in großen Unternehmen -speziell, wenn das Unternehmen auf mehrere Orte verteilt ist- bietet das Intranet neue Lösungen. Mitarbeiter können beispielsweise Urlaubsanträge oder Adreßänderungen selbst hinterlegen, Bestellanforderungen einfacher und effizienter gestalten oder Reports für das Management schnell erhalten[149]. Von vielen erfahrenen Internet-Anwendern wird die These vertreten, daß ohne ein funktionierendes Intranet es keine erfolgreiche Internet-Aktivitäten geben kann. Diese Behauptung beruht meist auf der Annahme, daß nur wer ein funktionierendes Netz betreibt und die Infrastruktur laufend aktualisiert, die mit der Technologie auftretenden Probleme kennt und es mit diesen Kenntnissen leichter hat, sich im Internet mit Erfolg zu behaupten[150].

3.7 Anwendungsszenario mit den Modulen MM und SD

In diesem Unterkapitel werde ich ein Beispiel für ein mögliches Szenario einer R/3-Internet-Anwendung beschreiben. Als lebensnahes und gängiges Exempel lege ich das virtuelle Einkaufen mit R/3-IACs dar, welches beispielsweise von der Firma Vobis[151] schon erfolgreich in die Realität umgesetzt wurde. Ein virtuelles, wenn auch begrenztes, R/3-Beispielkaufhaus wird auf dem Internet außerdem in Zusammenarbeit von KPMG und Hewlett-Packard angeboten, in dem zu Übungs- oder Präsentationszwecken nach Belieben bestellt werden kann, ohne wirkliche Bestellungen zu generieren[152]. Ähnlich verhält es sich mit dem Modellunternehmen IDES, welches von SAP zu Schulungs- und Präsentationszwecken entworfen wurde. Der Gesamtkonzern IDES besteht aus mehreren Firmen, die fest definierte betriebswirtschaftliche Aufgaben erfüllen und alleine oder Separat die komplexe R/3-Funktionalität und -integration aufzeigen können[153]. Die zur Veranschaulichung verwendeten Abbildungen stammen aus dem IDES-Demosystem. Über die Gestaltungsnotwendigkeiten einer Internet-Präsentation habe ich in Kapitel II geschrieben. Darum lege ich an dieser Stelle den Schwerpunkt auf den Ablauf und den verwendeten IACs. Darüber hinaus nehme ich an, daß in meinem Szenario der ITS und die von SAP standardmäßig mitgelieferten Internet Application Components Verwendung finden.

---

[149] Strack-Zimmermann (1997), S. 43ff
[150] Hantusch et al. (1997), S. 170
[151] http://www.vobis.de
[152] http://www.kpmg-hp.com
[153] SAP AG (1997): IDES auf dem Notebook - Perspektiven für Vertrieb und Beratung, SAP-Info Thema, 11/97, Walldorf, S. 31

Die einfachste Realisierung einer Integration von R/3 in das Internet ist die Kombination bestehender IACs, um zusammen mit allen Komponenten ein komplexes Angebot zu schaffen. So ergänzt ein komfortables virtuelles Kaufhaus den Produktkatalog mit der Verfügbarkeitsabfrage, dem Bestellservice, der Statusanzeige von bereits getätigten Bestellungen und der Erfassung von Servicemeldungen. Wohl mehr bei professionellen Großkunden, aber auch immer mehr bei kleineren Abnehmern, ist die Etablierung des Qualitätsmanagements, dessen Informationsaustausch durch die IACs „Proven Quality" und „Quality Notification" im großen Maße verbessert wird. Der Schwerpunkt bei einem virtuellen Kaufhaus liegt jedoch bei den Modulen SD (Absatz) und MM (Materialwirtschaft) bzw. bei den IACs, die diese Module ansprechen.

IDES ist standardmäßig in vier Frames eingeteilt, wobei die Darstellungsform des Produktkataloges einschließlich Bestellvorgang in der Anzahl von Frames von Implementierung zu Implementierung variieren kann. Sinnvoll sind minimal drei Frames, wobei der oberste für die Hauptnavigation zuständig ist und stets anzeigt, in welcher Phase der jeweiligen Transaktion man sich befindet und entsprechende Links enthalten kann, welche es zulassen, wieder auf die Homepage zurückzunavigieren, Transaktionen abzubrechen, oder etwa um Hilfe zu erhalten. Zudem ist es sinnvoll, das Firmenlogo mit einheitlichem Web-Seitendesign in diesem Frame zu präsentieren, damit der Benutzer sich zu jedem Zeitpunkt sicher sein kann, daß er sich noch im gleichen Warenhaus befindet und sich überdies mit der Zeit das Firmenlogo besser einprägt. Der zweite Frame ist in der Regel links am Bildschirm angeordnet und zieht sich vom ersten Frame bis zum unteren Bildschirmrand. Dieser beinhaltet die Auswahl der angebotenen Produktgruppen, welche durch anklicken nähere Informationen im dritten Fenster anzeigen. In diesem dritten Fenster erscheinen die einzelnen Produkte, Services oder Konfigurationen. Der Warenkorb oder das Angebot kann entweder im dritten Frame oder in einem weiteren, vierten angezeigt werden. Der vierte Frame erhöht die Übersichtlichkeit, schränkt jedoch auch die Anzeigemöglichkeiten des dritten Frames ein. Im Folgenden werde ich davon ausgehen, man suche ein Produkt im Produktkatalog und bestelle es daraufhin. Durch Hinweise auf die verwendeten IACs und BAPIs, versuche ich, die Arbeitsweise des Systems vorzustellen.

Ein Benutzer ruft mit Hilfe seines Browsers und durch die entsprechende IP-Adresse den HTTP-Server des virtuellen Warenhauses an, der daraufhin das HTML-Dokument der Homepage auf dem Webserver aufruft und über das Internet zum Benutzer schickt. Durch den entsprechenden Menüpunkt wählt der Benutzer den Verweis Produktkatalog, worauf vom AGate die IAC *Product Catalog* aufgerufen wird und bis zum Bestellvorgang diese die Anzeige der Produktgruppen, der Produkte, der Produktbeschreibungen und die Konfigurationen steuert und bei Bedarf von R/3-Kerndaten die benötigten BAPIs verwendet. Um die Produktgruppen und deren Struktur zu ermitteln, wird BAPI_ProductCatalog_GetLayout benutzt. Nach dem Anklicken einer gewählten Produktgruppe werden die darin enthaltenen Produkte mit BAPI_ProductCatalog_GetItems gelesen. Es erscheint im oberen Frame die Überschrift Product Catalog, im rechten Frame die zur ausgewählten Produktgruppe zugehörigen Produkte, im linken weitere untergeordnete Produktgruppen und darüber ein kleiner zusätzlicher Frame, um weitere Auswahlmöglichkeiten zu erhalten. Außerdem kann der Pfad angezeigt werden, wo man sich gerade innerhalb des Produktkataloges befindet (Hardware Shop → Personal Computers).

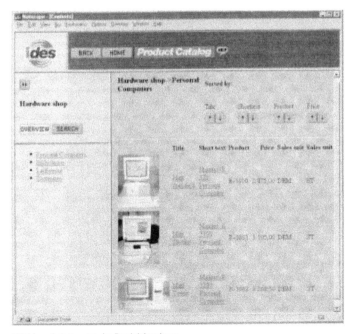

Abbildung 3-4: Anzeige des Produktkataloges

Durch das Anwählen eines Produktes wird eine ausführliche Produktbeschreibung mittels BAPI_ProductCatalog_GetLayoutDescription und eine multimediale Ton- oder Bildinformation mittels BAPI_ProductCatalog_GetLayoutDocuments angezeigt und die Möglichkeiten gegeben, auf die vorherige Seite zurückzuspringen, gegebenenfalls ein Produkt näher zu konfigurieren und durch Anklicken der Add-Funktion den Artikel in den virtuellen Warenkorb zu legen. Zusätzlich kann unter Verwendung der IAC *Check what we´ve got* angeboten werden, Produkte auf Verfügbarkeit zu prüfen, wozu das BAPI-_Material_Availability benutzt wird, um unkompliziert Daten aus dem R/3-Kernsystem zu bekommen.

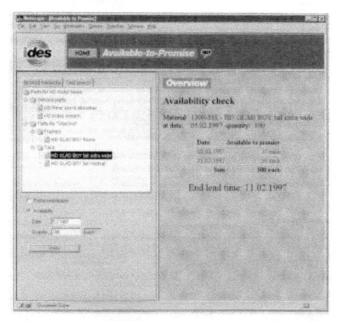

Abbildung 3-5: Verfügbarkeitsabfrage

Bei dem Zufügen von Artikeln in den virtuellen Warenkorb geschieht der Übergang von der IAC *Product Catalog* bzw. *Check what we´ve got* zu *Order here!*, d.h. gleichzeitig auch der Übergang von der Benutzung des SAP-Moduls MM zum Modul SD. Ist ein virtuelles Kaufhaus nur für eine bestimmte Benutzergruppe vorgesehen, geschieht die Kundenauthentifizierung bei etwa der Verfügbarkeitsabfrage oder bei Bestellaufträgen durch

Eingabeforderung der Kundennummer und des Passwords. Ähnlich wie für das Lesen der Produkte und Produktnamen im Produktkatalog wird auch hier wieder mit Hilfe von BAPIs ein Informationsaustausch zum R/3 hergestellt, um in diesem Fall die Kundendaten zu überprüfen. In unserem Beispiel benutzt *Order here!* BAPI_Customer_CheckPassword, BAPI_Customer_ChangePassword oder BAPI_Customer_Create_Pw_Reg, um Kundendaten zu überprüfen, zu ändern oder neue Kunden anzulegen. Hat sich ein Client erst einmal authentifiziert, muß er dies, durch das beschriebene Cookie-Verfahren bis zu einer nächsten Sitzung nicht mehr machen - auch, wenn der Anwender zwischendurch Webseiten anderer Anbieter anschaut.

Wenn eine Ware zum Warenkorb hinzugefügt wurde, kann der Kunde die bisher besprochenen Schritte nochmals so oft durchlaufen, bis er alle gewünschten Artikel im Warenkorb hat. Nach jedem Hinzufügen von Waren werden alle Artikel im Warenkorb mit Anzahl, Produktname, Einzelpreis, Gesamtpreis und Konfigurationsmöglichkeit angezeigt. Dabei erhält man dann jeweils auch die Gelegenheit, den Warenkorb vollständig („Refresh") oder nur teils („Delete") zu entleeren. Außerdem kann man ein Kaufvertragsangebot anfordern („Quotation"), welches die einzelnen Artikel mit Bestellmenge, Bestellname, Preis, Gesamtsumme und -was hervorzuheben ist- mit dem Lieferdatum auflistet. Darüber hinaus gibt es die Möglichkeit, das Angebot abzulehnen („Back") oder zu akzeptieren und damit zu bestellen („Order"), wozu BAPI_CustomerOrder_CreateFromData verwendet wird..

Sollte ein Kaufinteressent nicht schon Kunde sein, ist die Eingabe von wichtigen Personalien einschließlich zahlungstechnische Daten für die Auftragsabwicklung erforderlich. Um diese sicher zu übertragen setzt SAP vor allem auf SET[154]. Sind alle zur Vertragsabwicklung nötigen Schritte abgeschlossen, wird abschließend die Bestellung mit den Auftragsdaten bestätigt und eine Bestellnummer angegeben, mit der bis zum Erhalt der Ware eventuelle Rückfragen oder der aktuelle Status der Bestellung ermittelt werden kann. Die hierfür zur Verfügung stehende IAC *Track your order* benutzt für die SD-Anfragen vor allem BAPI_Customer_Get_Status und läßt Selektionskriterien wie explizite Auftrags-, Bestell- und Materialnummer, sowie den Zeitraum der Bestellung zu. Nach der bei Statusabfragen selbstverständlichen Kundenauthentifizierung werden die Auftragsnummer, Bestelldatum,

---

[154] SAP AG (1997) R/3 3.1, S. 21; SAP AG (1997): Business at Internet Speed, Informationsbroschüre, Walldorf, S.4

Uhrzeit und die Positionen mit Stückzahl aufgelistet, sowie angezeigt, ob eine Bestellung aus dem WWW aufgenommen wurde[155].

In einem Business-to-Consumer Szenario ist es angebracht, Kunden erst relativ spät identifizieren zu lassen, damit auch neue Kunden durch das „herumspielen" mit dem Produktkatalog die Chance haben, die angebotenen Waren und die realisierte Einkaufsmöglichkeit kennenzulernen. Bei einem Business-to-Business Szenario hingegen ist das Werben neuer Kunden durch ein elektronisches Bestellsystem eher sekundär, wodurch das Benutzen des Warenkorbes auch für Nichtkunden (ohne Benutzername und Kennwort) nicht zur Verfügung gestellt werden muß. Zudem würden dem Anbieter die Kunden schon bekannt sein, womit ein früheres authentifizieren und damit ein besseres Abwickeln der Geschäftsvorfälle ermöglicht wird. So ist etwa die Prüfung des Kreditlimits schon bei dem Füllen des Warenkorbes möglich, wobei bei Überschreitung möglicherweise eine alternative Zahlungsart automatisch angeboten wird.

Diese Funktionalität ermöglicht ein virtuelles Kaufhaus, indem Produkte sicher und komfortabel angeboten und verkauft werden können. Die Hauptaufgabe für Entwickler von webanwendungen besteht darin, die vorhandenen IACs gekonnt zu kombinieren und die Gestaltung einheitlich, übersichtlich und ansprechend zu realisieren. Während der Benutzer das Gefühl hat, sich auf einer Anwendung zu bewegen, laufen in Wirklichkeit viele unterschiedliche Prozesse ab, die allesamt auf eines abzielen: die Transaktionen des R/3-Systems über das Internet möglich zu machen, um dadurch die Möglichkeiten des Electronic Commerce zu erweitern, sowie den Electronic Commerce an sich realisierbarer und populärer zu machen.

3.8 Ausblick auf R/3-System Release 4.0

Das System R/3 wurde Anfang 1996 von der Fachpresse kritisch in bezug auf seine Zukunftstauglichkeit diskutiert und die Dauer und Komplexität einer R/3-Einführung kritisiert. Der dreistufigen Client/Server-Architektur, die bisher ein Grund des Erfolges war, wurde vorgeworfen, sie sei wegen fehlender objektorientierter Ansätze nicht den neuen Anforderungen des Internets gewachsen[156]. Mit der Version 3.1 wurde angefangen, diese

---

[155] Hantusch et al. (1997), S.127
[156] Becüwe et al. (1997): Wohin die R/eise geht, S. 25

Vorwürfe durch Ausbau der ALE/Webkomponenten aus der Welt zu schaffen. In der Release 4.0 wird mittels stärkerer Modularisierung ein Schritt in Richtung integrierter Komponenten, die unabhängig voneinander aktualisiert werden können, gegangen. Dieses sogenannte *Business Framework* ist in der Version 4.0 zwar erst durch die Modularisierung des HR-Moduls (Personalwirtschaft) realisiert, jedoch werden die zwei übrigen Kernanwendungen LO (Logistik) und FI (Finanzen) in der darauf folgenden Release selbständig werden. Kommunizieren werden die einzelnen Komponenten durch die schon erwähnten BAPIs.

SAP hat außerdem zum Zwecke des Datenaustausches zwischen R/3-Systemen und Systemen anderer Softwarehersteller *SCPIs (Supply Chain Planning Interfaces)* entwickelt, die eine spezielle Ausprägung der BAPIs sind und mit Hilfe eines *APO*-Server *(Advanced Planner and Optimizer)* die Kommunikation mit den Fremdsystemen abwickeln. Der APO-Server baut seine eigenen Datenobjekte, welche denen des R/3-Transaktionssystem ähneln, und synchronisiert in Echtzeit die verschiedenen APO-Instanzen über die gesamte Kunden-Lieferanten-Kette hinweg[157]. Da diese von SAP benannte *SCOPE-Initiative (Supply Chain Optimization, Planning and Execution)* zur Verbesserung der logistischen Abwicklung von Geschäftsprozessen erst Mitte des Jahres 1998 in die Version 4.0 eingebunden werden soll, bin ich hierauf in Bezug auf Electronic Commerce nicht weiter eingegangen.

Als Ergänzung zu der Release 4.0-Beschreibung sei noch das *ASAP (Accelerated SAP)* erwähnt, dessen Aufgabe es ist, die Einführungszeit eines R/3-Systems zu verkürzen und den Installations- oder Erweiterungsprozeß mittels eines verbesserten *Business Engineers* zu erleichtern. Dann wird es auch gemäß „Best Business Practices" vorkonfigurierte Branchenlösungen geben, die teils fertig von SAP geliefert werden oder in sogenannten Common Corporate Templates für Übernahme etwa in Tochtergesellschaften selbst definiert werden können[158].

---

[157] vgl. Computer Zeitung (1997): R/3 greift nach Daten von Lieferanten und Kunden, Ausgabe 37, 11.9.97; Schuckmann, Birgit (1997): R/3 soll Componentenware werden, Client/Server magazin 9-10/97, S. 62
[158] vgl. Becüwe, Dietmar / Steiner, Marcus / Kroh, Jörg (1997): Wohin die R/eise geht - Frameworks und Service/Support, Online 3/97, S.23 und Becüwe et al. (1997): Wohin die R/eise geht, Online 1/97, S. 22ff

Schlußwort

Der Trend ist derzeit, alle bestehenden Komponenten miteinander durch etliche Schnittstellen zu verbinden, um den Datenaustausch oder die Kommunikation weltweit oder intern zu optimieren und in betriebliche Abläufe zu integrieren. Das dafür erforderliche Netzmanagement wird aber dadurch äußerst anspruchsvoll und bedarf ab einer bestimmten Größe erhebliche Aufwendungen, so daß der Programmdirektor der Meta Group Tom Scholtz gar warnt, daß wenn man alles mit allem verbinden wolle, es im Datenverarbeitungschaos ende[159]. Der Client/Server-Trend ließ den Mainframe aus der Mode kommen und läßt nun wieder Platz für eine kleine Großrechner-Renaissance, da z.B. bei R/3-Datenbanken die Datenmengen oft nur noch auf Großrechnern gespeichert werden können oder sogenannte Mainserver, als der größte Server in einem Unternehmen auf Basis eines Mainframes, ohne große Probleme 5000 PCs oder Workstations mit Daten beliefern bzw. steuern können[160]. Nicht nur die Technologie birgt Schwierigkeiten, sondern auch die Handhabung. Wenn eine Vielfalt der Schnittstellen erforderlich ist, um den Informationsfluß durchgängig zu realisieren, dann ist zumindest die Reduzierung auf einige wenige Standards für die *Art* der Schnittstellen notwendig. Erst dann wird eine schnelle, sichere Vernetzung mit unterschiedlichsten Komponenten möglich und etwaige Fehlersuchen leichter.

Auch das Management ist von Rechnervernetzungen betroffen: Die Mitarbeiter eines Unternehmens müssen lernen, in virtuellen Teams zusammenzuarbeiten. Die neue Technologie bringt keine Erfolge, wenn nicht alle organisatorischen, mentalen oder technischen Probleme akzeptabel gelöst werden. „Der Erfolg vernetzter Unternehmen setzt vernetztes Denken voraus, d.h. die Fähigkeit, komplexe Problemsituationen ganzheitlich zu erfassen und Lösungen nicht in einem einfachen kausalen Zusammenhang zu suchen"[161].

---

[159] Beuthner (1997), S. 28
[160] Tauchnitz, Alfred (1997): Client/Server ist heute nicht weiter als der Mainframe vor 20 Jahren, Interview von Friedrich Koopmann, Client/Server magazin 9-10/97, S. 23ff
[161] Scharfenberg, Heinz (1997): Netze fordern Management, in: Office Management 4/97, S. 46

Heinz Scharfenberg ergänzt: „Netze sind Mittel zum Zweck, aber kein Allheilmittel für kranke Unternehmen".

Abbildungsverzeichnis

Verweis auf Seiten im World Wide Web

Business Online:

    http://www3.business-online.de/bda/int/bo/umfrage/umfrage.html

CommerceNet:

    http://www.commerce.net

    http://www.commercenet.de

Hotmail:

    http://www.hotmail.com

Internet Society:

    http://info.isoc.org/guest/zakon/Internet/History/HIT.html#Growth

iXOS-Software:

    http://www.ixos.de

KPMG/Hewlett-Packard:

    http://www.kpmg-hp.com

Liszt:

    http://www.liszt.com

NUA:

    http://www.nua.ie/surveys/index.cgi?service=view_survey&survey_number=542&rel

=   yes

SAP:

    http://www.sap-ag.de

TSI:

    http://www.tsisoft.com

Vobis:

    http://www.vobis.de

Literaturverzeichnis

Absatzwirtschaft (1997): Markenvertrieb virtuell: Wer nutzt die neue Ubiquität?, Sonderausgabe 10/97, S. 179.

Alexander, Ralph (1965): Marketing Definitions, American Marketing Association, Chicago.

American Marketing Association (1985): AMA Board Approves New Marketing Definition, Marketing News, Ausgabe vom 1.3.1985, Chicago.

Becüwe, Dietmar/**Steiner**, Marcus/**Kroh**, Jörg (1997): Wohin die R/eise geht, in: Online 1/97, S. 22-28.

Becüwe, Dietmar/**Steiner**, Marcus/**Kroh**, Jörg (1997): Wohin die R/eise geht - Frameworks und Service/Support, Online 3/97, S. 62-66.

Belch, George./**Belch**, Michael (1995): Introduction to Advertising and Promotion, Irwin.

Beuthner, Andreas (1997): Ein neues Rahmenwerk für die Sicherheit wird die Deutschen ins Internet locken, in: Computer Zeitung, Ausgabe Nr. 47, 20.11.97, S. 28.

Beuthner, Andreas (1997): In dem digitalen Geschäftslager ist der Startschuß bereits in diesem Jahr gefallen, in: Computer Zeitung, Ausgabe Nr. 45, 6.11.97, S. 22

Boulle, Peter (1997): Kräftemessen, in: Global Online, Ausgabe 9/97, S. 16-22.

Buck-Emden, Rüdiger /**Galimow**, Jürgen (1995): Die Client/Server Technologie des SAP-Systems R/3, Bonn.

Business Week (1997): Das Internet entwickelt sich zu einem normalen Werbeträger, Ausgabe vom 6.10.97.

Brenner, Walter/**Zarnekow**, Rüdiger (1997): Noch fehlt die schnelle komplette Marktinformation, in: Office Management, Ausgabe 4/97, S. 15-18.

Bruce, Haring (1997): Digital Downloading Arrives, in: The Network News, Vol. VII No. 4, 7-8/97, Los Angeles, S. 1-8

CDI (1994): SAP R/3 - Grundlagen - Architektur - Anwendung, Haar/München.

Chatah, Mahmoud (1997): Der Draht zum Kunden im elektronischen Marktplatz, in: Office Management, Ausgabe 4/97, S. 49-52.

Computer Woche (1996): Clinton soll handeln, Ausgabe Nr. 47, 20.11.1997, S. 1.

Computer Woche (1997): SAP zwingt User zu Microsoft-Systemen, Ausgabe Nr. 45, 6.11.97.

Computer Zeitung (1997): Die große Schnittstellenvielfalt bei R/3 bietet für jedes Problem eine Lösung, Ausgabe Nr. 44, 30.10.97, S. 14.

Computer Zeitung (1997): Interview mit Peter Zencke der SAP AG, Ausgabe Nr. 44, 30.10.97, S. 14.

Computer Zeitung (1997): NT dominiert R/3-Anwendungsserver, Ausgabe Nr. 42, 16.10.97, S. 1.

Computer Zeitung (1997): R/3 greift nach Daten von Lieferanten und Kunden, Ausgabe 37, 11.9.97.

Computer Zeitung (1997): Windows NT bleibt Applikationsserver, Ausgabe Nr. 44, 30.10.97, S. 9.

Demmer, Christine/sr (1997): In Sachen Kundenpflege stecken deutsche Firmen oft noch in den Kinderschuhen, in: Computer Zeitung 47, 20.11.97, S. 9.

Deutsch, Christian (1997): „Eine Anzeige wäre viel teurer", in: Office Management, Ausgabe 4/97, S. 58.

Doolittle, Sean (1997): Securing the Cybermarket, in: PC Today 7/97, S. 88-91.

Drucker, Peter (1955): The Practice of Management, London.

Emery, Vince (1996): Internet im Unternehmen, Heidelberg.

Ferné, Georges (1997): Policy Implications „E-commerce", in: The OECD Observer No. 208, 10/11 1997, S. 9-10.

Fuhrmann, Michael/**Lindner**, Thomas (1997): Der Online-Markt und die Onliner/Markenprofile 6, Marktuntersuchung von Gruner+Jahr/Stern, Hamburg.

Gaul, Wolfgang/**Klein**, T./**Wartenburg**, F. (1997): Integrierte Online-Präsenz steigert die Akzeptanz, in: Office Management, Ausgabe 4/97, S. 41-45

Global Online (1997): Der Online-Kommerz boomt weltweit, Ausgabe 9/97; S. 14.

Hantusch, Thomas/**Matzke**, Bernd/**Pérez**, Mario (1997), SAP R/3 im Internet, Bonn.

Hünerberg, Reinhard (1996): Handbuch Online-Marketing, Landsberg/Lech.

Internetworld (1997): Dell nutzt den Vertriebskanal Internet, Ausgabe 8/97, S. 94.

Jakob, Steffen (1997): Internet Marketing - oder finde ich die Nadel im Heuhaufen?, Deutscher Internet Kongreß '97, in: Internet - von der Technologie zum Wirtschaftsfaktor, Heidelberg, S. 149-152.

Kilian, Wolfgang/**Picot**, Arnold/**Neuburger**, Rahild/**Niggl**, Johann/**Scholtes**, Kay-Larsen/**Seiler**, Wolfgang (1994): Electronic Data Interchange (EDI), Baden-Baden.

Köhler, Thomas (1997): Electronic Commerce - Elektronische Geschäftsabwicklung im Internet, Deutscher Internet Kongreß '97, in: Internet - von der Technologie zum Wirtschaftsfaktor, Heidelberg, S. 181-185.

Lotus Development GmbH (1997): Lotus/SAP - Transforming Your Data into Success, Informationsbroschüre, Walldorf.

Luckhardt, Norbert (1997): Die Mutter der Porzellankiste, in: c`t report Geld online, 2/97, S.20-23.

Madey, Gregory/**Raghunathan,** Madhav (1995): Electronic Commerce - The Emerging Order for International Business, Kent State University, http://business.kent.edu/sabos/New_Order.html

Mahlbacher, Thomas (1997): Zentren des Verkehrs oder verkehrsberuhigte Zone?, in: Office Management, Ausgabe 4/97, S. 47-48.

Mattes, Frank (1997): Management by Internet, Frankfurt.

Niemeier, Joachim (1997): Technologie ist nichts, Know-How dagegen alles, Office Management, Ausgabe 2/97, S. 14-16.

Nowak (1997): Persönliches Interview im IBM-Lotus/SAP Competence Center, Walldorf, 17.11.97.

Puscher, Frank/**Klein,** Pit (1997): Die Bank Ihres Vertrauens, in: Internetworld, 8/97, S. 40-43.

Ray, Michael (1982): Advertising and Communication Management, Englewood Cliffs.

Rohner, Kurt (1997): Der Internet-Guide für Manager, Landsberg/Lech.

Rohwer, Peter (1997): Electronic Commerce in integraler Kommunikation, in: Office Management 4/97, S. 38-40.

Roll, Oliver (1996): Marketing im Internet, München.

Roll, Oliver (1997): Doppelt vernetzt - Das Internet im Kommunikations-Mix, in: Absatzwirtschaft 1/97, S. 88-89.

SAP AG (1997) R/3 3.1, S. 21; SAP AG (1997): Business at Internet Speed, Informationsbroschüre, Walldorf.

SAP AG (1997): BAPIs Einführung und Überblick, Informationshandbuch, Walldorf.

SAP AG (1997): IDES auf dem Notebook - Perspektiven für Vertrieb und Beratung, SAP-Info Thema, 11/97, Walldorf.

SAP AG (1997): System R/3 Release 3.1 - Geschäftsprozesse über das Internet, Informationsbroschüre, Walldorf.

SAP AG (1997): R/3 System Release 3.1G Online Dokumentation, Compact Disc, Walldorf.

Scharfenberg, Heinz (1997): Netze fordern Management, in: Office Management 4/97, S. 46.

Schuckmann, Birgit (1997): R/3 soll Componentenware werden, Client/Server magazin 9/10 1997, S. 62.

Schumacher, Lutz (1997): Preiskrieg auf dem Online-Marktplatz, in: Internetworld 9/97, S. 104f.

Stolpmann, Markus (1997): Elektronisches Geld im Internet, Köln.

Strack-Zimmermann, Hans (1997): SAP@Web: Electronic Commerce mit R/3, Deutscher Internet Kongreß '97, in: Internet - von der Technologie zum Wirtschaftsfaktor, Heidelberg, S. 35-46.

Summa, Harald (1997): EDI und Internet - eine Bestandsaufnahme, in: Online 9/97, S. 48-54.

Tamberg, Daniel (1997): Alles schon vorbei?, Internet-Ignoranz in Deutschland, in: Internetworld 8/97, S. 102f

Tauchnitz, Alfred (1997): Client/Server ist heute nicht weiter als der Mainframe vor 20 Jahren, Interview von Friedrich Koopmann, Client/Server magazin 9-10/97, S. 22-28.

Taylor, Tess (1997): Who's Wiring Hollywood? - Interview mit Marc Schiller, The Network News Vol. VII No. 6, 11-12/97, Los Angeles, S. 6-12.

Weiber, Rolf (1997): Der Cyberspace als Quelle neuer Marktchancen, in: Absatzwirtschaft 8/97, S. 78-83.

Wigand, Rolf (1992): Electronic Data Interchange in the United States of America - Selected Issues and Trends, New York.

Wyckoff, Andrew (1997): Imaging the Impact of Electronic Commerce, in: The OECD Observer No. 208, S. 5-8.

Diplom.de

Die Diplomarbeiten Agentur vermarktet seit 1997 erfolgreich
Wirtschaftsstudien, Diplomarbeiten, Magisterarbeiten, Dissertationen
und andere Studienabschlußarbeiten aller Fachbereiche und Hochschulen.

Seriosität, Professionalität und Exklusivität prägen unsere Leistungen:

- Kostenlose Aufnahme der Arbeiten in unser Lieferprogramm
- Faire Beteiligung an den Verkaufserlösen
- Autorinnen und Autoren können den Verkaufspreis selber festlegen
- Effizientes Marketing über viele Distributionskanäle
- Präsenz im Internet unter **http://www.diplom.de**
- Umfangreiches Angebot von mehreren tausend Arbeiten
- Großer Bekanntheitsgrad durch Fernsehen, Hörfunk und Printmedien

Setzen Sie sich mit uns in Verbindung:

Diplomica GmbH
Hermannstal 119k
22119 Hamburg

Fon: 040 / 655 99 20
Fax: 040 / 655 99 222

agentur@diplom.de
www.diplom.de

Diplom.de

- **Online-Katalog**
  mit mehreren tausend Studien

- **Online-Suchmaschine**
  für die individuelle Recherche

- **Online-Inhaltsangaben**
  zu jeder Studie kostenlos einsehbar

- **Online-Bestellfunktion**
  damit keine Zeit verloren geht

**Wissensquellen
gewinnbringend nutzen.**

**Wettbewerbsvorteile
kostengünstig verschaffen.**